Las reinas de Polanco

Las reinas de Polanco

Guadalupe
Loaeza

cal y arena

Séptima edición: *Cal y Arena, 1991.*

Diseño de la maqueta: *José González Veites, Efraín Herrera.*
Portada: *José González Veites.*
Fotografía: *Eduardo Sepúlveda.*
Viñetas: *El Fisgón.*

© Guadalupe Loaeza
© Aguilar, León y Cal Editores, S.A. de C.V.
Culiacán 41, Col. Condesa. Delegación Cuauhtémoc
06110 México, D.F.

ISBN: 968-493-171-9

IMPRESO EN MEXICO

Para Diego, Federico y Lolita

Para Miguel Angel

LAS REINAS DE POLANCO

Estas "reinitas", conocidas desde hace muchos años, como las Reinas de Polanco, son las que han contribuido a darle esa personalidad y sabor tan particular que tiene el centro comercial de Polanco. Ellas, son las que verdaderamente reinan entre los marchantes y demás comerciantes. Sin ellas, este centro, no sería tan animado, tan sofisticado, y mucho menos, tan próspero. Allí, en medio de ese alegre y *sui generis* mercado, sus deseos se vuelven órdenes: "Lo que usted diga, reina", les dice con ojo brillante, el famoso Don Luis dueño de la frutería *La Esperanza*. "Para mañana quiero que me traiga cuatro kilos de morillas. No me importa si están carísimas, porque tengo una cena super importante", le ordena su majestad "la patrona", abriendo y cerrando sus hermosos ojos color aceituna. Al otro día regresa la clienta por sus hongos, sabiendo que los encontrará bien listos y pesaditos en su bolsa de plástico, porque en el mercado de Polanco, estas reinas son las que mandan.

Pero, ¿cómo son estas reinas? En primer lugar son muy ricas. Algunas son hasta millonarias en dólares. Por lo general son muy viajadas y saben comer muy bien. Son excelentes anfitrionas y muchas de ellas, cocinan platillos con ingredientes que nada más se pueden comprar en el mercado de Polanco. Sus gustos, son por lo tanto, exclusivos y algunas veces un poco excéntricos. No sería extraño que una de estas reinas quisiera conseguir a como de lugar huitlacoche en pleno mes de diciembre para preparar unas excelentes crepas para la cena de navidad. "Es que no es época, reinita", le explica amabilísimamente su marchante de toda la vida. "Pues a ver cómo le hace, porque no se me ocurre otra cosa para la cena", dice atareadísima con las manos llenas de bolsas de fruta y verduras. Su marchante le dice que sí, y esa misma tarde recorre todos los mercados de México, hasta encontrar el hongo que más se parece al huitlacoche. Al otro día van a buscar lo prometido y cuando se dan cuenta que no es el verdadero huitlacoche, dicen: en tono contundente: "¡Ay marchante, se debería de comprar un congelador americano, para darle mejor servicio a sus clientas y así podrá tener frutas y verduras fuera de la estación".

Pero los marchantes de Polanco, ya están acostumbrados a sus reinas, así las quieren, incluso a aquellas que desde su coche Corsar, azul metálico les gritan, "¿A cómo está el kilo de cerezas? ¿A cómo?, ¿A cinco mil pesos? Bueno, póngame rapidito un kilo y medio, pero sin olvidar su pilón, ¿eh?" siguen gritando a pesar de que atrás hay una fila de coches desesperados a los cuales no les importa seguramente, a cómo está el kilo de cerezas importadas directamente de Estados Unidos. Las más consideradas, dejan su coche estacionado en doble fila. Y corriendito, van a comprar las tortillas blancas como hostias de doña Francisca a 80 pesos la docena, intentan pagar con un billete de cinco mil y como la marchanta no tiene cambio, se enojan y le dicen: "¿Pero cómo es posible que no tenga cambio?, ¿qué no ve que tengo mi coche en doble fila y se lo va a llevar la grúa?" Pero como se trata de una reina, la tortillera nada más le dice: "Está bien güerita, mañana me lo pasa, córrale que no deja pasar a los demás".

Pero no todas estas reinas son así de inconscientes. Habría por ejemplo que preguntarle a don Pablo, el carnicero de la *Estrella de Polanco*, qué opina de ellas. Seguramente diría que son muy buenas gentes, que cuando van a hacer su pedido, le dan su buena propina. Que muchas de ellas le platican de sus problemas y de los últimos chismes políticos. Hasta de sus viajes, le cuentan, además de que nunca olvidan de mandarle una tarjeta postal de la Tour Eiffel. "Don Pablito, ahora voy a llevar dos buenos kilos de filetes muy limpiecitos (5 mil pesos kilo), porque van a venir mis nietos a comer. Mire, le voy a enseñar sus fotos", dicen estas majestuosas y magníficas clientas de don Pablo.

Así como el viejo programa de televisión "Reina por un día" hacía felices a las ganadoras, así el mercado de Polanco hace sentir a estas señoras, muchas de las cuales han dejado de ser las reinas de sus hogares porque ya su Rey ni las mira. Por eso cuando pasan recién salidas del salón, muy peinaditas con sus "luces" más brillantes que de costumbre y su marchante les dice: "¿Y ahora qué se va a llevar muñequita?" De pronto tienen ganas de llevarse casi todo el puesto. Por eso las vemos tan felices, ir y venir con sus faldas floreadas, sus sandalias blancas, mientras regatean de puesto en puesto el kilo de pera mantequilla que está a 1,500 pesos o el brócoli que cada día sube más. Por eso les gusta ir al mercado de Polanco, donde hace años, les hablan quedito, en un tono entre respetuoso y cachondo. ¿Qué harían estas reinas, sin sus súbditos admiradores? ¿Y qué harían los marchantes sin estas reinas? El mercado de Polanco se moriría de tristeza, pero sobre todo de pobreza.

Antes de terminar, quisiéramos señalar que no nos hacemos responsables de cualquier semejanza con nuestros personajes.

El Obelisco, septiembre/86

¡OH, POLANCO!

¿Quién se llevó su tranquilidad, su prestigio de zona residencial? ¿Quién la desmaquilló para pintarrajearla con letreros de todos colores y sabores? Ahora, colonia de zonas comerciales, boutiques, oficinas burocráticas, taquerías, supermercados, clínicas Unisex, cine-clubes, hoteles, creperías y vulcanizadoras. Antes, no hace mucho tiempo, colonia de filósofos, poetas y escritores. Horacio y Homero nos llevaban de la mano hasta el parque de Los Venados bajo un cielo recién salido de la lavandería.

Como diría Li Liu Ling "que nadie me pregunte cómo pasa el tiempo". Aquel tiempo en que yo era una niña de la colonia Cuauhtémoc que soñaba con la de Polanco. Desde allí, parecía que se veían los volcanes, que la luna y el sol brillaban más, que el sabor de los helados duraba el doble, que se podía comprar más cosas con el mismo dinero, que la gente que tenía el privilegio de vivir allí era más feliz, más ordenada, más educada y mejor vestida. Que en Polanco todo el mundo estaba contento, que los pobres ganaban la lotería y que los ricos llenaban sus casas con alcatraces pintados con gis de todos colores.

No había nada que me diera más gusto cuando tenía trece años que ir a visitar a mi hermana recién casada. Bajarme del camión *Juárez Loreto* en la esquina de Horacio y Tennyson, era como penetrar en el jardín donde jugaba *croquet* la reina del cuento Alicia en el país de las Maravillas. Caminaba las tres cuadras, sintiendo mi corazón ligero y aliviado. Atrás habían quedado los ríos contaminados de la colonia Cuauhtémoc. Polanco era lo elegante, lo sofisticado, lo exclusivo, lo diferente, pero sobre todo, lo residencial. Todas las casas parecían como las de Pepe del Salto (el niño rico de la Pequeña Lulú). Adentro imaginaba salones, mayordomos, candiles y numerosos cuartos de televisión que se continuaban hasta el infinito.

Las experiencias más importantes de mi adolescencia sucedieron en Polanco. Allí, en su cine del mismo nombre, vi la primera película para adolescentes. *Teenagers* se llamaba. Comiendo nerviosamente palomitas veía en la pantalla cómo *Troy Donahue* llevaba a la muchacha a una cabaña perdida en un bosque. "B" tenía como clasificación en las hojitas que repartían en la iglesia de La Votiva. Metidos en un coche *Mercury*, dentro de la oscuridad del estacionamiento del *Club Mundet*, Pepe, mi novio, me dio mi primer beso en la boca. La primera vez que me quité los calcetines, para que se viera como si trajera medias, fue para ir a una *Kermess* del *Instituto Patria*. Ofelia fue mi primera amiga rica que tenía la fortuna de vivir en Polanco, en una casa como con doscientas ventanas todas blancas. El primer chiste colorado que me contaron fue en el baño del cine *Ariel*. Todavía me acuerdo y me sonrojo. La seño Sofía, mi maestra de tercero de primaria, vivía en las calles de Sófocles y desde que la conocí supe que vivía en Polanco. La primera vez que patiné sobre hielo en México fue donde está ahora *Liverpool*. Por eso siento siempre frío cuando voy a hacer compras. Ir a *la tienda de "la China"* a hojear los últimos números de *Vogue* y de *Seventeen* era mi máxima ilusión. En *Klein's* las hamburguesas me sabían a cielo, y sus papas fritas me enloquecían. Mi postre favorito eran las donas con azúcar glass de *Coronado*.

Un día llegó una invitación a mi casa. Era de la familia Cuevas, que vivía en lo que es ahora La Hacienda de los Morales. La fiesta era de largo y en Polanco. Gracias al mercado de Polanco, que hace mucho está donde está, comí cerezas en México por primera vez. Una semana, estuve juntando dinero para comprar mi primer disco de *Pat Boone*. Con la cartera llena de billetes, tomé el *Juárez Loreto* y compré mi regalo en una disquera de Polanco. La primera vez que me siguieron en la calle con malas intenciones fue en la esquina de Fundición (ahora Rubén Darío) y Tres Picos. Recuerdo un sábado tristísimo, mucho más triste que los otros porque no me hablaba Pepe. Ocurrió en Polanco, en los *Jugos de Colima*, mientras lánguidamente sorbía un jugo de mango demasiado frío para la temperatura de mi corazón. "Vamos al boliche" me dijo hace mucho mi amiga Gabriela. Y fuimos al de Polanco, el que está frente a *Sears*. Nunca me había sentido tan "polanquera", ni tan feliz. Un día decidí pintarme el pelo, del mismo color que el de *Brigitte Bardot*. Pensé: "nada más en un salón de belleza de Polanco sabrán atinarle al color". Me recomendaron hacer cita *chez Noël*. Desde entonces sigo pintándome el pelo como B.B. en Polanco. Mi primer pecado importante, que cometí por allá de los 15 años, lo confesé a un padre de San Agustín. Estaba segura que los sacerdotes de Polanco tenían mucho más criterio que los de la colonia Cuauhtémoc, sobre todo que los de la iglesia de Río Po. Nunca se me olvidará, la primera vez que entré a la casa de un ex político, sobre Presidente Mazarik. Recuerdo que me impresionó mucho. "Solamente en Polanco se puede concebir una casa así" me decía, mientras visitaba el frontón, el baño de vapor, la biblioteca, los vestidores, los salones de juego, decenas de recámaras, planchadores y jardines. Hasta un auténtico sillón de peluquería tenía. El marco de las ventanas y de las puertas parecían elaborados por un extraordinario pastelero de *Sanborn's*. "Es que este es el estilo californiano" me explicaba orgullosísima mi amiga que era nieta de los dueños y que vivía también en Polanco. En el garage había como siete coches. Todos se veían recién encerados y larguísimos. Había un *Oldsmobile*, un *Pontiac*, un *Packard*, un *Studebaker*, un *Thunderbird*, un *Cadillac* y un *Opel*. "¿Todos estos coches tienen su propio chofer?" le pregunté intrigada a mi amiga. "No sé, a lo mejor sí" me dijo arreglándose las crinolinas que estaban llenas de campanitas.

Ahora esa casa es un enorme Banco, al que seguramente le caben todos los cuentahabientes del mundo. En lo que era el garage, se estacionan Corzars, LTD, Volkswagen y una que otra patrulla. Ya no he vuelto a ver a mi amiga de las crinolinas. La última vez que me la encontré me dijo que se iba a vivir a La Joya porque ahora habitar en la ciudad de México y sobre todo en Polanco era de "locos".

Por eso hoy, cuando paso por Presidente Mazarik cerca de lo que era la casa de los abuelos de mi amiga, escucho a lo lejos, las campanitas de sus crinolinas.

El Obelisco, noviembre-diciembre/86

EL CAFE 58

Llegué, me senté y, mientras esperaba que me trajeran un café express, sentí que todos los años cumplidos y los que me faltan aún por cumplir se me iban haciendo bolita en la conciencia. Ya no soy una *teen ager* me dije entre irónica y nostálgica. Pero como en realidad había ido a *observar* y no a ser *observada*, rápidamente saqué mi libreta amarilla, me olvidé de mi tiempo y me metí en el *Café 58*.

Allí, lo que importa es el presente, el momento, el hoy y sobre todo el ahorita. Allí todos son jóvenes, frescos, saludables, *in*, fresas, *juniors*, mo-der-nos y muy reventados. Allí, el tiempo se congela para hacerse cubitos y llenar los vasos de *Coca-Cola*, de *Orange*, de *Seven-Up*. *Up, up, up*, todo el mundo parece *up*, pero sobre todo *happy*.

Allí la crisis no existe, no se ve nadita, más que en los precios de una hamburguesa sencilla que cuesta 1,600 pesos o en un Pepito, que más bien debería llamarse Joselito, a 2,200 pesos. Allí no hay bronca, no hay cuete, todo parece muy *easy going*. Allí, contra los espejos que cubren las paredes, se refleja la chaviza, para nada, la naquiza. Allí todos son *nice*, casi, casi *beautiful people*, aunque unos ciertamente, no muy *beautifuls* que digamos. Pero poco

15

importa, ya que, con sus *beautifuls* coches estacionados brillantísi-
mos en batería y en doble fila, se sienten soñados, seguros porque
son hijos de papi y también de mami y ¿por qué no?, nietos de sus
abuelos y primos de sus primos, que también son muy ¡acá!, y viven en Las Lomas y Polanco.

Pero, cómo no la iban a pasar *super, super* estos chavos del *Café
58*, si aquí están como si estuvieran *at home*, igual de bien servidos
y atendidos, si aquí todo el mundo se conoce y se saluda de beso
en el cachete, diciendo: "Quiubo, ¿qué onda?", si aquí todos están de lo más *relax* comiendo sus papas fritas a la francesa, remoja-
ditas en salsa Tabasco, porque en el fondo se sienten *very mexicans*
listos para hacer cualquier cosa por su país, como por ejemplo, huir,
en caso, naturalmente, de *danger*.

En cada esquina, un ventilador que gira y gira, haciendo revolotear ligeramente las cabelleras blondas y onduladas, o las hermosí-
simas colas de caballo de las chicas, vestidas con sus pantalones ul-
tra ajustados y sus blusas *ultra-large* de algodón 100% y con estampados tipo hawaiano. La vestimenta de ellos es muy similar, por
aquí también todo es *unisex:* los derechos, las personalidades, los
intereses, las filosofías, etcétera, etcétera. Ambos se sienten holgados, con sus *tops* holgados, sus miradas holgadas y sus principios
morales, también muy holgados.

"Oye Manuel traeme un *cappuccino*", le piden de tú a su cuate,
a su *brother*, al mesero, que tratan como si hubieran jugado a las
canicas juntos desde pequeños. ¿Democracia? No. Juventud. Divi-
na juventud.

Las parejas entran agarraditas de la manita. Desde la puerta miran a todos lados a ver a quién se encuentran de conocido. Otras se
miran a los ojos y, con la boca llena de frenos y de algunos restos
de *milk shake* de fresa, se dan de besitos como si estuvieran solos y
muy enamorados con la música de *"Papa don't preach"*.

Aquí, todos actúan como si estuvieran de vacaciones, como si
todos les valiera *mother*, como si la vida fuera muy larga pero que
además no importara nadita, como si pasado mañana, ya no hubiera mañana. "Hay que ser positivos" es su filosofía, y aquí la ponen
en práctica. Por eso se ríen a carcajadas, se cuentan chistes, chismes, anécdotas. Gesticulan, hablan con las manos. Pero ¿qué cosa
dicen? Eso no importa, porque además, con el volumen de la música *rock*, nadie escucha, nadie se oye. "¿Qué dices?". "Que qué
buena onda es este rock de Madonna, que me fa-sci-na, porque me
recuerda una noche *very special*", parece que dicen a gritos, mientras llevan el ritmo con las manos sobre la mesa, con los pies bajo

la mesa, y con los codos sobre la mesa, porque también aquí las *manners* no importan, ni mucho menos los convencionalismos.

La decoración del *Café 58* es super, es de lo más *in*, es como de revista, pero de las americanas, así igualita. Fíjate, no me lo vas a creer, pero aquí todo es blanco, como de esas cafeterías de lo más *niuyorkinas*. Los muebles son como de terraza de casa estilo *East Hampton*. El tapete no es como un tapete, es como si todo estuviera alfombrado pero de pasto, igual como si fuera un tapete pero, si no te fijas mucho, parece pasto muy bien regado, así con mucha agua. Hay espejos por todos lados, entonces crees que el café es enormísimo, ¡gigante! Pero no, es el efecto de los espejos. En las paredes hay un chorro de posteres, unos de copas llenas de *ice cream* y otros con vistas de lugares super exóticos. Bueno, aquí te sientes como si fuera el rincón más sofisticado de todo Polanco. Te juro que el *Café 58* es mi máximo. Es la buena onda. También hay muchas macetas con muchas plantas verdes. Esas sí son de verdad. Pero lo más padre es la música. Tocan todos los *hits* que te puedas imaginar. Y luego hay unos chavos vestidos a la última moda, peinados a la *punk*. Te juro que se ven di-vi-nos. Bueno, a mí me gustan. Entre más tarde vayas, se pone mejor el ambiente. Mira, cuando quieras matar el tiempo, que ya no lo aguantes, porque ya no sabes que hacer con él, te vas al *Café 58*, allá en Polanco, y allí ni lo sientes pasar. Es padre, porque es diferente del *Snob* o del *Cappuccinos*. Este es más *reventado*, más *chido*. Además, te encuentras a todo México. Bueno, quise decir a todo Polanco, que para mí es como todo México, porque cuando salgo de esta zona, siento que me pierdo, te lo juro, como si estuviera en otro México que no conozco. Además, ¿para qué quiere uno salir de aquí?, si aquí hay de todo: boutiques, cines exclusivos, *Sanborn's*, *Mc Donald's* y super cafés, como el del 58. Además, ir más allá de Polanco es ver puros edificios destruidos, damnificados, más contaminación, hasta con ciudades perdidas te puedes encontrar. . .

Por eso, ir al *Café 58* es todo un *happening* que no hay que perderse, siempre y cuando se tenga menos de 20 años. De lo contrario, no hay que olvidar que no muy lejos está *Bondy*, que también es un café, muy agradable, pero un poquito más conservador.

El Obelisco, octubre/86

EL BRUNCH DOMINGUERO EN EL SANBORN'S
DE PALMAS

"A mí, tráigame unos molletes con frijoles, por favor", dice una vocecita entre tímida y autoritaria que sale de un grupo como de dieciocho "niñas bien" que se encuentran alrededor de una mesa larguísima en *Sanborn's* de Palmas. "Y a mí, unos *waffles* y una leche malteada de fresa, por favorcito", agrega otra vestida con un suéter de algodón azul turquesa con unas hombreras espléndidas. "Para mí, unos huevos rancheros, pero sin salsa *please*, porque pica, y un té negro helado", pide otra sintiéndose monísima, mientras juega con la cadena de su medalla de la Virgen de Guadalupe de troquel antiguo en plata (las de oro se ven de menos en menos). La señorita mesera, ataviada con el típico uniforme de *Sanborn's*, toma nota de los pedidos, sin levantar la mirada de su libreta. Diríase que las ignora por completo. "A mí un jugo de naranja y unos rolles de canela con cafecito por favor", dice una de las más sofisticadas del grupo, peinada a la Stephanie de Mónaco, con un flequito más rubio que el resto de su cabello. Todas parecen muy contentas de encontrarse reunidas y de que sea domingo. Se ofrecen cigarros, se los prenden con sus *crickets* de colores. Entre ellas son muy educadas, solidarias y amables: "No pidas molletes, yo te doy de los míos". " ¡Qué guapa estás!". "Mira quién lo dice", se comentan entre sí. Y en efecto, así se ven de bonitas, porque se saben arreglar, maquillar, saben estar a la moda sin esfuerzo. De pronto una dice: "¿A que no saben quién se casa? Marce de la Fuente" "¡¡¡¡Nooooo!!!!", gritan incrédulas, después de haber exhalado el humo despacito y con cuidado, echando levemente la cabeza hacia atrás. " ¡No te lo creo!", exclama una gordita, con demasiadas chapas en tono palo de rosa. Algunas de ellas todavía se muerden las uñas, y cuando se dan cuenta, de repente, que las tienen manicuradas, inmediatamente se las retiran de la boca con cierta vergüenza y ponen cara de que nunca en su vida se han mordido las uñas.

Mientras tanto, en la entrada del restaurante se van acumulando grupitos de personas que esperan pacientemente el turno de su mesa. Se ven fundamentalmente parejas jóvenes que vienen acompañadas por sus hijos. Las mamás, vestidas de lo más modernas, con pantalones ajustados y enormes suéteres que caen sobre la cadera, parecen como hermanas mayores de sus hijas adolescentes, que antes de salir de su casa se atrevieron a decirle a su mami: "ya no me gusta prestarte tanto mi ropa porque la sudas y además me la agran-

das". Las mamás, ofendidas, contestan: "a mí tampoco me gusta
que tomes mis cosas sin permiso porque las perfumas demasiado y
nunca me las regresas". Pero finalmente acaban siempre por ceder
ambas partes. Los papás parecen más relajados, con la típica expresión en la cara de que la están haciendo en la vida. Pacientemente
esperan su mesa con aspecto de recién bañaditos, coloniados y
peinados. Muchos de ellos de camisa rayada y pantalón de gabardina aceptan ir a desayunar con la familia, siempre y cuando, los
dejen salir una hora después para irse de inmediato al club a jugar
golf.

Las meseras van y vienen con sus enaguas de colores y sus huipi-
les brillantes, llevando en los brazos charolas cargadas de vasos de
jugos de siete frutas y huevos en todos los estilos, servidos en la
vajilla azul tradicional de *Sanborn's*. De pronto, una de ellas se
para en una mesa de puras parejas jóvenes. Ellas parecen demasiado maquilladas tal y como si fueran a ir a una boda, a pesar de que
llevan puesto su *jogging suit*, siempre en tonos pasteles. "Pásame
la miel para mis *hot cakes*", por favor, dice una rubia peinada a la
Christian Bach y con los párpados completamente cubiertos con
sombras azules.

Me pregunto si estas mismas señoras, cuando eran niñas, llegaron a ir al primer *Sanborn's* de México, que se instaló en 1915 en
la famosa Casa de los Azulejos de los Condes del Valle de Orizaba, en la Avenida Madero. Allí, en lo que era el patio principal de
la casa, entre columnas de cantera y murales con imágenes de jardines palaciegos, solían desayunar señoras elegantísimas de sombrero y vestidas con trajes sastres en casimires de mascota o de
Príncipe de Gales. También se reunían famosos intelectuales y
artistas mexicanos de la época. La luz ámbar que pasa a través del
techo de vitrales y el ruido de la fuente que está a un costado del
restaurante crean un ambiente de nostalgia. Miles de turistas de
todas partes del mundo vienen a visitar la Casa de los Azulejos en
donde fue asesinado el último Conde del Valle de Orizaba en 1828.

Pero volvamos a nuestro *Sanborn's*, el de Palmas, que es tan fre-
cuentado por los de las Lomas, Bosques, La Herradura, Tecamachalco, Lomas Altas, Palmas Corinto y ahora, recientemente, Palmas 800. Entre semana, al medio día, decenas de alumnas del
Vallarta, el Mira Flores o de la Universidad Anáhuac van a desayunar, a platicar sus confidencias, o simplemente a "ver qué onda".
Dependiendo de la hora y el día de la semana es la asistencia. Como puede ser de lo más "burócrata", puede ser de lo más *"nice"*,
según afirman los de la Anáhuac.

Por eso los domingos es tan especial, hay de todo, como por ejemplo esta pareja de mediana edad con dos niños de diez y doce años peinados correctamente bien, como de los años sesenta. El papá parece ausente detrás de sus anteojos negros. La mamá, al contrario, demasiado presente, se la pasa corrigiendo a sus dos hijos: "Mi hijito, come bien. Carlitos, siéntate derechito. Acábate tus huevos. ¿Para qué pediste la hamburguesa si ya no tenías hambre. No hagas ruido con los popotes. No juegues con el salero. Límpiate la boca. No hables con la boca llena", etc., etc. Ante tantas observaciones, los niños deciden ausentarse literalmente para ir a ver los juguetes, dejando los platos prácticamente llenos. Cuando los padres se quedan uno frente al otro, ¡oh desgracia!, se instala entre los dos un silencio denso y pesado. Ella, con el pelo recién lavado y cortado en capas, observa elevarse el humo de su cigarro. El, con cara de "¿cuánto seá la cuenta?", mira los alimentos en los platos, desperdiciados por sus hijos. Los minutos pasan y el silencio sigue sin romperse. Los dos parecen estar de acuerdo con su distancia.

No muy lejos se ve una mesa familiar. Está la abuelita, las tías, los cuñados y muchos primitos de todas las edades. La familia completa parece demasiado endomingada. De la mesa se escucha que uno de los papás dice: " ¡Déjalos mujer, que pidan lo que quieran! Al fin tienen un papá que se lo puede pagar", dice el hombre de la casa, el macho, el patrón. Mientras ve devorar a sus hijos un enorme *club sandwich*, de pronto se siente que emerge en él un enorme sentimiento paternal. Seguramente, y debido a su tierna mirada, piensa: "Lo más importante en la vida de cualquier hombre es la unión de la familia. Entre semana debo dedicarles más tiempo". La abuelita se siente realizada, mientras come sus enchiladas suizas de pollo, y de 2,700 pesos. Entre bocado y bocado nos imaginamos que se dice: "Gracias a Dios tengo unos hijos buenos que se acuerdan de su pobre madre los domingos por las mañanas"... Las nueras, unas más arregladas que otras, están naturalmente a dieta. Esto se ve debido a sus enormes platos de frutas y de yogurt. De pronto, como por arte de magia, los pequeños "angelitos" ya no tienen hambre, se acuerdan de que es domingo, y rapidísimamente se lo recuerdan a sus papis; " ¡Nuestro domingo, nuestro domingo!". "¿Tan poquito?" reclama uno vestido de chamarra bicolor, "con lo caro que está todo esto no alcanza ni para el arranque". Al papá sentimental le cae mucho en gracia, lo encuentra tan simpático e ingenioso como era él de pequeño. "Toma para que te alcance", le dice en tono simpático, a la vez que le da otro billete de dos mil pesos. Los demás papás no se quedan atrás, al fin es domingo y hay que vivir el presente. Todos los niños salen corriendo, tropezándose con las meseras y demás personas. Diez minutos más tarde regresan llenos de cajas de cartón con los nuevos modelos de los *Transformers*. Los padres se miran entre ellos y se sonríen como diciendo: "Así son los muchachos de ahora. Si uno no los consciente, ¿quién lo va a hacer? ¡Cómo está el mundo! ¡Pobrecitos, todo lo que les espera!"

Si usted, querido lector o lectora, se aburre el domingo, al mediodía, le recomiendo correr a *Sanborn's* de Palmas, para que presencie este espectáculo, este México lleno de contrastes. Crisis van y crisis vienen pero el *Sanborn's* de Palmas siempre está a reventar.

El Obelisco, marzo/87

INVERSIONISTA: *"TO BE OR NOT TO BE"*

Sí, también ellas, las inversionistas están como la Bolsa: desplomadas, desajustadas, desequilibradas. También a ellas se les ve, subiendo y bajando, estrepitosamente por los pisos de las elegantes oficinas de las casas de Bolsa. Muchas van en *jogging suit* con niños en los brazos, otras ataviadas con elegantísimos trajes en lino; las más jóvenes, vestidas con conjuntos comprados en Houston, en mezclilla *made in Mexico*. A pesar de su maquillaje y de sus anteojos negros, se les ve un semblante pálido, desmejorado; sus ojeras delatan una noche de insomnio. Mientras esperan el cierre del día, tomándose un cafecito y leyendo la sección de finanzas de los periódicos, una pregunta aparece en su espíritu una y otra vez: "¿Vendo o no vendo?". He allí la duda que día y noche las asalta desde aquel fatídico día conocido en el calendario de los colores como "el lunes negro". Así lo recuerdan de oscuro cuando se enteraron por la prensa que: "Cayó la Bolsa en todo el mundo". Inseguras e impotentes, sintiéndose sumidas en la peor de las miserias, tomaban el teléfono para lamentarse con otras inversionistas frustradas: "¿Te das cuenta, y yo que regresé mis dólares para invertir en México, porque al fin comenzaba a creer en él". "¿Qué se hace en estos casos?", preguntaban afligidísimas, con lágrimas en los ojos a sus jóvenes promotores, muchachos decentes, universitarios de escuelas americanas, educados, con buenos modales,

23

quienes les decían quedito, suavecito, con mucho calorcito huma-
no: "Tranquilícese señora, aquí nosotros estamos conscientes de
la inquietud que muestran en estas horas negras nuestros inversionistas por realizar la mejor inversión, le sugerimos otras acciones
con precios que están por debajo del valor en libros, como Alumi-
nio, Apasco, Condumex, Celanese Mexicana o Peñoles". Pero estas
inversionistas, que son todas tan de buena fe, no saben qué contestar (a pesar de que han leído con atención a Luis Pazos), "¿Vendo
o compro?, ¿me salgo o me quedo?, ¿le sigo o le paro?, ¿por qué
no me salí cuando debí haberme salido?, pero ¿si vuelve a subir
Frisco? Ayer cerró a 2 mil 75. ¿Y si mejor saco todo y me compro
joyas, pinturas de artistas famosos, tapetes persas, centenarios, te-
rrenos, edificios, coches, yates, boletos de avión para dar la vuelta
al mundo varias veces en 80 días?". Y todo esto y mucho más se
siguen preguntando, en tanto que sus asesores, chicos lindos, com-
prensivos, que saben entender los corazones de sus inversionistas
continúan diciéndoles: "Dentro de las ventajas que obtiene al seguir invirtiendo, usted sigue comprando indirectamente, una amplia gama de instrumentos, obteniendo de esta forma el beneficio
de cobertura ante posibles fluctuaciones en las tasas de rendimien-
tos de dichos instrumentos, lo que le permite protegerse de todos
los "lunes negros, grises y hasta beiges. ¡Señora, usted *confíe*!",
les dicen. Pero es que ellas ya no saben si confiar o no, porque como están las cosas, uno nunca sabe nada. Así le dicen a uno y luego amanece el mundo girando alrededor de un día negro. Muchas
de ellas, aún recuerdan aquel "lunes blanco", 5 de octubre, día en
que en una hora subió la Bolsa lo que en un año. Entonces sí estaban felicísimas. No se sabía por qué estaban tan jubilosas, si por
el destape de Carlos Salinas de Gortari o por el despunte de sus
múltiples y millonarias acciones. 26 mil puntos subió junto con la
Bolsa, su optimismo y su fe por el país. "Hasta que algo bueno pasa en México" exclamaban satisfechas.

Sin embargo hay otras, (quizá las más millonarias) porque siguen contando con la espléndida intuición financiera de su maridi-
to, que siguen optimistas, y hasta divertidas. " ¡Ay!, hoy voy a
comprar unos lotecitos de *Kimberly* y otros de *Cifra*, para ver qué
pasa". Estas inversionistas por lo general tienen sus carteras en
Inverlat de Bosques de las Lomas, en Ciruelos 120, "porque son
oficinas decoradas con mucho gusto, porque te atiende gente como uno, porque en el Consejo de Administración hay pura gente
conocida, porque hay muchos elementos de seguridad uniformados al estilo americano, porque todos los promotores manejan

computadoras y teléfonos digitales, porque incluso los baños están limpísimos y el papel del baño es color *peach*, porque en las oficinas del director hay pinturas del Dr. Atl y Tamayo, porque aunque en estos días gane *peanuts*, me sirve para mis viajecitos a Nueva York. . .".

Estas últimas ni siquiera se preguntan *to be or no to be*; ellas son inversionistas *and that's all*. . .

La Jornada, 31/octubre/87

LA BUENA VIDA PARA LOS SACONES

La semana pasada, en este mismo espacio, escuchamos algunas voces representativas de la burguesía mexicana. Eran voces de víctimas, voces resentidas, voces dolidas, pero sobre todo, voces de patriotas defraudados y confusos. ¿A qué clase de la burguesía pertenecían tantos lamentos y quejidos? Nada menos que a la de los sacadólares. De todos los mexicanos, son los más enojados e indignados con la crisis económica por la que atraviesa el país. Por eso ahora para tranquilizarlos, me permito transcribir un índice de inflación aparecido en un diario americano con el título: "*Cost of Living Well Index*", que seguramente les causará gran alivio. Este índice dirigido para los que se la pasan "capulina", es decir los que saben vivir la "Buena vida" demuestra que el costo de lo que se detalla allí subió tan solo entre febrero y marzo de este año: .0016. No hay que olvidar que la inflación que se espera en los Estados Unidos para 1986, es del cuatro por ciento.

Los conocidísimos chocolates *kron* siguen costando 30 dólares la libra, es decir: 14,400 pesos, 460 grs. Sin embargo las Trufas francesas subieron 4.99 dólares la onza, ahora 28 grs., cuestan, 16.795.20 pesos. También subió 7 centavos de dólar, el champagne *Roeder Cristal;* en febrero costaba 59.88 dólares y ahora en marzo vale en pesos: 28,776.00. Gracias a Dios, los zapatos *Gucci* siguen costando 175 dólares, igual a 84 mil pesos. El impermeable *Burberrys,* no subió: 575 dólares; son tan solo 276 mil pesos. El abrigo de piel *Russian sable,* tampoco aumentó su precio; todavía lo espera en su tienda preferida en 40 mil dólares. Si usted hiciera el mismo cheque en México, serían: 19.200,000.00. Afortunadamente tampoco subió en marzo el reloj *Diamond Piaget Polo,* sigue con el precio de 35 mil dólares. Un reloj diferente y de buen gusto por tan solo 16.800,000.00. La onza de perfume más caro del mundo se ha mantenido en el mismo precio; por 96 mil pesos, puede usted seguirse perfumando con *Joy*. ¿Todavía no sabe qué coche comprarse en los Estados Unidos? No hay nada como el *Rolls Royce Corniche*. Desgraciadamente este modelo sí subió 500 dólares. En lugar de pagar 163 mil dólares, ahora serán 163,500. Claro en pesos son 78.480,000.00, quizá sea un poquito excesivo. ¿Por qué no comprar en ese caso un *Maserati Quattroporte* que no subió un centavo en el mes de marzo? Para su fortuna, sigue costando 36.820,800.00. "Ay, pero es que no tengo chofer en Nueva York y a mí me cansa mucho manejar", dirá usted con razón. Pero también en este índice aparece el precio de un *Chauffeured limousine* el cual no ha sido aumentado. La hora del alquiler de un chofer negro cuesta: 43.75 dls. ¿Qué son para usted 36,820.00 pesos por el gusto de pasearse durante una hora por Central Park? ¡Bendito sea Dios! tampoco han subido los honorarios de un mayordomo. Una hora sigue valiendo 12.00 dls. Para los que se van a Nueva York a pasar Semana Santa pueden seguir yendo a cenar a *Lutece* por tan solo 200 dólares por dos personas. Es decir que por 96 mil pesos cenará mil veces mejor que en la Mansión de las Lomas. Bueno pero si quiere algo más económico está el famosísimo *Lion D'or*. Allí, con todo y vino, por dos personas, le costará igual que cuando fue usted, hace unos meses: 125 dólares. Todavía no tiene reservación de hotel y no sabe si subieron mucho los precios. Tranquilo. La suite Principal del Hotel Pierre de Nueva York vale lo mismo: 1,100 dólares por noche (con IVA incluido), 528 mil pesos sin desayuno. ¿Va usted a ir a Washington y de allí a Londres? Pues váyase en el *Concorde*, para que llegue más rápido. Sus precios no han subido: 2,471 dólares nada más de ida. Por el regreso tendrá que pagar 1.186,080.00. Ahora bien si decide irse de París a Nueva York también en *Concorde*, pues nada más tendrá que hacer un cheque por 2,148.00 dólares (*one way*). Por favor no se le ocurra querer saber cuánto es en pesos mexicanos porque a la mejor se asusta y prefiere irse por PANAM. Seguramente muchos de los sacadólares ya están con un pie para irse corriendo a Vail. Pueden estar tranquilos, el cupón para una semana de *Skilitf*, sigue costando 189 dólares. Es un poquito más caro que el metro mexicano, pues por 90,720.00 pesos varias generaciones de su familia podrán viajar 248 años. El último precio al que se refiere el índice es al precio de un cuarto por una noche en el Hotel Palace de St. Mortiz. Este precio, desafortunadamente para su fortuna, sí subió. En lugar de pagar 551.76 dólares, tendrá que firmar un poquito más de *travelers cheks*, es decir: 3.74 dls. Pero no importa, porque por tan solo 266,649.00 por una noche, usted podrá dormir tranquilo pensando que solamente subió .0016 y que sus dólares siguen bien seguros en el *Bank of America*. *¡Congratulations!*

La Jornada, 22/marzo/86

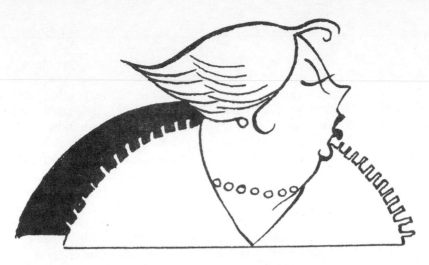

DEL AVION A LA BOLSA

Nunca como ahora habían sonado tanto los teléfonos en el interior de las espléndidas, californianas y barraganescas residencias de Las Lomas y de las zonas residenciales del sur. La sirvienta que corre de un lado a otro para buscar papel y lápiz con qué anotar, no se da abasto con tantos recados: "No se te olvide decirle a la señora que ahora la Pirámide es en Ahuehuetes 125, en Bosques. Que es a las seis en punto. Gracias", dicen rapidísimamente, pues aún les esperan muchas llamadas por hacer. "Quiubo, ¿cómo estás? Oye, te hablo para invitarte a una pirámide. Mira. tienes que estar a las seis en punto en Ahuehuetes 125, en Bosques. Lo único que tienes que llevar son mil dólares, ya sea en efectivo o en cheque y dos amigas que a su vez traigan mil dólares. No importa si traen pesos (un millón, 500 mil). Haz todo lo posible por venir. Fíjate que yo apenas entré el miércoles pasado y hoy cobro mis 8 mil dólares. ¿Te das cuenta, en tan solo seis días? Entre más gente traigas, más aprisa subes de lugar. No vayas a faltar, ¿eh? Te mando un beso. Chao". Antes de que su amiga cuelgue, con ojos en signos de dólares, ya está llamando a dos de sus amigas ricardas, para repetir exactamente lo mismo: "Quihubo, ¿cómo estas? Te hablo para. . .". De pronto la amiga milloneta la interrumpe y le dice: "Oye, tengo por el otro teléfono a Paty, para invitarme a otra pirámide, pero en Tecamachalco. No sé a cuál de todas ir, porque también me llamó Lucy, ¿te acuerdas?, la que iba con nosotras en el colegio, para avisarme de una en Virreyes. Hace dos semanas salí de otra que había en La Herradura, pero me dicen que las del Pedregal están más organizadas. Oye, ¿no te importa si te hablo después? Te mando un beso. Chao".

Cuando finalmente se reúnen en cualquiera de las direcciones, se ocupan de la pirámide de la amiga que les avisó. En muchas ocasiones hay hasta tres pirámides en la misma casa. Como por lo general las casas son grandes, las invitadas se acomodan ya sea en el comedor, o en la sala o incluso en el *family room* aprovechando que no están los niños. Las anfitrionas son aquellas que ya van a la cabeza de la pirámide o del avión, como también se le llama. Cuando hablan de estar dentro de un avión, ellas son "las pilotas". En seguida de ellas, viene el copiloto, el ayudante o la tripulación, y las demás son los pasajeros.

Hay "pilotas" que son muy espléndidas y compran pasteles de chocolate en La Marquesa y algunos bocadillos salados para ofrecerlos a su "tripulación" y a sus "pasajeros". En una enorme charola de plata los acomodan junto con el té y el café. Las más prácticas o austeras nada más ofrecen refrescos *(diet)* y algunos jugos enlatados. Las conversaciones sólo tratan acerca de los beneficios y riesgos de las pirámides. De vez en cuando comentan "lo del tapado", pero básicamente su atención está puesta en sus finanzas. Muchas de las participantes llevan sus chequeras en dólares; otras entregan el dinero en un sobrecito bien cerrado, con la cantidad escrita muy claramente. Las más audaces hacen un cheque sin fondos y preguntan con muy bonito modo: "¿Ay, no te importa si lo cobras el martes? porque el lunes voy a depositar lo que me van a mandar del *Chasse Manhattan Bank*". Casi siempre son mentiras y le acaban pidiendo prestado, casi de rodillas, ya sea a una de sus amigas o bien, a su compadre del alma. Por lo regular las reuniones son a las seis de la tarde y pueden durar hasta las diez de la noche. Cuando no llegan las amigas citadas, las responsables del avión comienzan a angustiarse, ya que se corre el riesgo que se atore la cadena. Corren hacia el teléfono y las buscan por cielo y tierra. "¿Pero, no te dijo a dónde iba?", le preguntan afligidísimas a la sirvienta. "Dile que la estoy esperando en Ahuehuetes 125. Que no me falle, por favor". Cuando vuelven a la sala, dicen muy serias: "Que ya salió para acá". Muchas, nada más van a ver, porque sus maridos de plano les dijeron que eso era una locura, que no es serio, que podía ser peligroso, que ya ves lo que dijo *Memo* Ochoa, que además ni de chiste te voy a dar mil dólares, que era como jugar a la ruleta, y que siempre había un perdedor. Y que mejor invierte en Cetes.

Las más suertudas son aquellas que en menos de una semana cobran hasta 8 mil dólares, dependiendo del número de personas que juntó en su avión. Ni tardas ni perezosas, al otro día, metidas en su *jogging suit* se van derechito a su Casa de Bolsa e invierten de inmediato lo ganado. Una semana después vuelven a "viajar" en otro avión.

Las responsables de las pirámides más organizadas y serias, se procuran estudios de algunas universidades especializadas en finanzas y crean un fondo de 300 dólares por participante, para garantizar la inversión del avión. Si no se gana y —dicen— tampoco se pierde, porque siempre se recuperan los mil dólares y a veces hasta con algunos pequeños intereses.

Hay quienes dicen que los maridos de estas señoras están muy enojados, porque sus esposas se están haciendo todavía más millonarias que ellos, y que temen que con tanto dinero terminen por convertirse en directoras de sus propias Casas de Bolsa.

La Jornada, 26/septiembre/87

YA ABRIMOS: ¡¡¡HURRAY!!!

Sí, ya abrieron. Aunque ustedes no lo crean, ya abrieron. ¡Sí, señores! Por fin abrieron, el martes 29, el segundo *Mc Donald's*, la empresa más reconocida en el mundo entero por su extraordinarias, ríquisimas, jugosísimas y únicas hamburguesas. Su nueva ubicación es aún más maravillosa, atinada y oportuna que la del establecimiento que se encuentra sobre el Periférico, a la altura del Canal 13. Por algo se pasaron casi dos años mister Efraín Cavazos (ciudadano estadunidense de padres mexicanos), vicepresidente de *Mc Donald's Co.* para toda Latinoamérica, y el señor Saúl Kahan, licenciatario mexicano y dueño de las instalaciones, en buscar el lugar ideal y estratégico. Tenía que ser un lugar que no tuviera pierde, que se distinguiera desde las alturas y las colonias más residenciales de la capital; desde los colegios y universidades más caros, desde los edificios más altos. Y este lugar no podía ser otro que Periférico y Palmas, en Polanco.

"Naturalmente", dice mister Cavazos, "nosotros pensamos en todo esto antes de abrir aquí. Inclusive la empresa compró junto con nuestro socio todo el local de la *Renault* que está en la esquina de Vázquez de Mella. Allí construiremos un enorme *parking* para todos nuestros clientes. En Satélite abriremos otro muy pronto, pero de dos pisos", explica mister Cavazos, mientras con la mirada controla a lo lejos a todo su personal.

Decenas y decenas de chicos de estilo entre *pirrurris* y universitarios, uniformados en azul marino, no paran de envolver hamburguesas, de meterlas en sus cajitas, de preparar malteadas, llenar bolsitas de papas fritas, ir corriendo por los *pays* de manzana y los *sundaes* de caramelo. "Gracias por su compra y buen provecho", dicen los empleados muy sonrientes al entregar el pedido al cliente.

"De alguna manera el sistema de *McDonald's* está educando a los mexicanos. Antes no ponían la basura en su lugar y ahora no salen sin hacerlo. Antes también las clientas se instalaban durante horas en las mesas sin pensar en los que están esperando; ahora se tardan menos. En Estados Unidos, una hamburguesa *Big Mac* (mil 90 pesos) se come en 10 minutos, pero aquí tienen otra mentalidad. Sin embargo, de más en más aprecian nuestra comida, porque saben que es sana, limpia y sobre todo de calidad", dice el vicepresidente de la empresa en América Latina, quien viaja constantemente para checar los demás *Mc Donald's* que se encuentran en Guatemala, Costa Rica, Panamá, El Salvador, Managua, Brasil, Venezuela, Puerto Rico, etcétera. Nunca olvida pasar a visitar el local de Monterrey, que fue el primero que se abrió en México.

Pero lo más llamativo de todo es el público de Polanco y las Lomas, que forma colas gigantescas sin importarle el sol, el vaivén constante de miles y miles de coches, las sirenas de ambulancias, el humo que provocan los camiones atestados de la Ruta 100 y las patrullas y motociclistas que están estacionados en la entrada del *Mc Donald's* procurando agilizar el intenso tráfico del Periférico. Prácticamente todos son los típicos *teenagers* con la piel bronceada, vestidos super a la moda, con camisas, chalecos y playeras muy, muy holgados, pantalones pegados hasta el tobillo y zapato-tenis de colores. Todo lo que llevan puesto es unisex. Incluso los peinados son de tipo *punk*, o las muy femeninas aparecen con sus doradas cabelleras enchinadas que flotan suavemente, como aquel anuncio del shampoo Splendor. "Es que venir aquí es de lo más *chubiduvi*, es la buena onda, es ¡lo máximo! Hay mucho ligue y te encuentras a todo el mundo", dice una estudiante del Regina, con anteojos negros, frenos, y que mientras espera que avance la cola no deja de hacer bombas con su chicle de sabor de uva. "Además es como si estuvieras en cualquier parte de Estados Unidos, menos en México. Como decimos nosotros, es: ¡shú!", dice, en tanto que sus amigas se mueren de la risa y juegan con sus cadenas de oro, de las cuales cuelga la medalla de la Virgen de Guadalupe (en troquel antiguo).

"Nuestro sistema también enseña a trabajar a los mexicanos.

Cada *Mc Donald's* emplea a 300 trabajadores y 13 agentes de seguridad. Estos jóvenes que usted ve son el futuro de México. Trabajando con nosotros, aprenden a hacer *good bussiness*, porque les enseñamos a pensar rápido. Nosotros en Estados Unidos no sabemos perder el tiempo", asegura mister Cavazos, quien no deja de controlar su *bussiness*.

Mientras tanto, muchísimos niños, casi todos ellos güeritos, custodiados por sus nanas uniformadas, se divierten en los juegos mecánicos que *Mc Donald's* instala siempre especialmente para ellos en un pequeño jardín que da justo frente al Periférico. "La empresa piensa siempre en la familia. Así como para México la familia es muy importante, también para *Mc Donald's* lo es", explica con un aire enternecido mister Cavazos.

Por eso es que desde el martes 29, día en que el delegado de la Miguel Hidalgo, Manuel Díaz Infante, inauguró este sensacional *Mc Donald's*, apenas a unos cien metros, en el entronque de Palmas y Periférico, los vendedores ambulantes, los niños pordioseros, las Marías y los lanzafuegos dicen a los conductores: "¿No me acompleta para mi *Big Mac*?".

La Jornada, 2/agosto/86

DOWNSTAIRS

Ya nos referimos, en una crónica anterior al apabullante contraste que existe entre el cuarto de las sirvientes y el de las patronas. Si recuerda, juntos subimos por una escalera de caracol, de fierro, y nos introdujimos en la recámara de la *maid* de una residencia espléndida. Hoy los invito a bajar esa misma escalera y abrir sigilosamente la puerta laqueada en blanco del *master room* de los señores de la casa. Súbitamente, sentimos como si nos encontráramos ante una página de la revista *House and Garden*. Frente a nuestros ojos, aparece una enorme recámara asoleada, espaciosa —8 x 8— e impecablemente ordenada. Es evidente que una de las recamareras, acaba de pasar la aspiradora sobre la extensísima alfombra de lana 100 por ciento color arena. Para que se ventilara y entraran más los rayos del sol, la *maid* no olvidó abrir las dos puertas de la terraza que dan hacia el jardín. En medio de la recámara tapizada con papel de la casa de decoración *Christian Fersen*, tonos grises, crema y chabacano, vemos una cama *king size*. La cabecera es de madera de marquetería poblana mandada hacer especialmente, así como los dos burós que están a cada lado de la cama. El cubre camas aparece sin ninguna arruguita y es de pique blanco con encajes de tira bordada. En el centro, hay varios cojines de todos los tamaños y formas, cilíndricas, rectangulares, cuadrados, redondos, etcétera. Están forrados de la misma tela que la colcha y ribeteados con encaje de bolita. Los más chiquitos están bordados a mano, como los que se hacían antiguamente. Sobre el buró del lado donde se acuesta la señora, está el interfón del cual se puede comunicar a toda su enormísima casa. Al lado de los botoncitos se lee: cocina, *breakfast*, sala, biblioteca, cuarto de Santiaguito, cuarto de Casilda, sala *family room*, saloncito, baño azul, baño de los niños y puerta de la calle. A un lado de la lámpara en forma de candelabro estilo Luis XVI y con pantalla forrada en finísimo papel pergamino, está un marco de plata. En la fotografía aparecen ella, su marido y sus dos hijos en una de las pistas de Veil. Todos, con sus esquíes en la mano, parece que se van a deslizar por las montañas nevadas de un momento a otro. Abajo del buró están sus libros de cabecera: dos de Milan Kundera, *Las mujeres que aman demasiado*, y un ejemplar de la revista *!Hola!* Sobre el muro, arriba de la cabecera de la cama, vemos una pintura de la Virgen de Guadalupe estilo popular de principios del siglo XIX. Sobre el buró del señor, está aparte de la lámpara, un teléfono blanco, el libro *México Negro*, una revista *Expansión*, una caja de pastillas *Melox* y un frasquito con pastillas para dormir. Todo huele a limpio, a recién encerado, a agua de colonia con aroma ligeramente floral. El ambiente que se respira es *cosy*, íntimo, *relax* y anti-*stress*. Debajo de una ventana muy grande con cortinas en algodón satinado con doble vista en color pistache, está una mesa-camilla cubierta con la misma tela que la colcha. En el centro, un florero con flores de seda, rodeado por muchos marcos de fotografías de *Dupuis*. No muy lejos aparece un *love seat*, forrado con la misma tela de las cortinas, frente al cual hay una super televisión, con videocasetera. A un lado hay un *secretarie* pequeño. El muro frente a la cama, está forrado con espejos ligeramente humeados.

Ahora descubrimos una cerradura, es de la puerta (también es de espejo), que nos conducirá al interior del *waking closet* del señor. Todo, absolutamente todo, está forrado de madera. A un lado vemos las zapateras, como con sesenta pares de zapatos; botas, mocasines de gamuza, calzado de golf, tenis, botines, pantuflas, *top siders*, y sandalias. El mueble de las camisas que fue hecho sobre medida, con decenas de cajoncitos que son utilizados nada más para guardar cada uno una camisa, para evitar que se doblen los cuellos de esas prendas del señor. A un lado, está el corbatero. Es un aparato americano muy práctico, consta de varias divisiones y al opri-

mir un botón se separan las corbatas para poder seleccionar la más
ad hoc para la ocasión. Hay como 725, de todo tipo. Perfectamente colgados están los sacos y aparte los pantalones. Los suéteres y
playeras. Un poco más grande es el *dressing room* de la señora, que
se encuentra entre el baño y el vestidor del señor.

Todo absolutamente todo aparece colgado y guardado con funda
de plástico; abrigos de piel, chamarras, sacos, vestidos de *cocktail*,
los de noche, los de calle, los de tarde, los de mañana; hasta las batas y camisones, parecen recién salidos de la tintorería. Se podría
decir que esta señora tiene como diez metros de ropa. Las zapateras,
aparecen tan llenas como las de su marido, con la diferencia que
ella tiene muchos más pares de sandalias. En los entrepaños vemos,
hileras de bolsas, torres de blusas, suéteres, mascadas, playeras, cha-
les, medias, brasieres, calzones, piyamas, etcétera.

El baño de este *master room* fue inspirado en uno que salió en
una revista de decoración italiana. La tina del *jacuzzi* roja, contras-
ta con el azulejo negro y con los dos lavabos también negros. Hay
un espejo con tiras de focos que corren por el plafón. Vemos una
bicicleta fija. El piso está alfombrado del mismo color que la recámara. El papel sanitario, hace juego con los *clinex* y con las motitas de algodón que aparecen en un frasco de cristal. En la toallera
hay dos toallas color acua, acolchonaditas y suavecitas. Todo huele
a pino, a limpio, a bosque, a orden, a civilización *Downstairs*.

La Jornada, 28/mayo/88

SUMESA LOMAS

¡Irrresponsables, ciegos, alarmistas, injustos, miedosos, pesimistas,
pero sobre todo, mentirosos!, los que se atreven a insistir en que
las cosas en el país, cada vez más, se ven color de hormiga. ¡Falso!
En *Sumesa* Lomas no se respira ni un ápice de intranquilidad, de
angustia o de inconformidad por las medidas económicas del Pacto de Solidaridad. Al contrario, de absoluta limpieza y orden. Tanto los empleados como los clientes se ven felices. En sus moderní-
simas instalaciones, recientemente remodeladas, las amas de casa,
parecen pasearse mientras sin ningún esfuerzo empujan su carrito.
Señoras con sus cutis muy hidratados, a pesar de las inversiones
térmicas, del tipo de las que juegan *golf* y *bridge* desde hace años,
esperan educadamente su turno frente a la salchichonería, como si
tuvieran todo el tiempo de su mundo. Aunque en el club, entre sus
amistades comentan: " ¡Ay tú, todo está por las nubes, ¿verdad?",
siguen comprando quesos importados de Argentina, Uruguay o

Suiza. A las más jóvenes, las que todavía pueden viajar, últimamente les encanta hacer ellas mismas sus compras en el super, porque les divierte convertir todos los precios en dólares. Estas, no pueden dejar de tener la sensación de sentirse en un super de Colorado. "Que padre, que ahora si van a permitir importar más cosas de alimentación", se dicen mientras acomodan en el carrito una cajota de *All-brand.* En el ambiente de *Sumesa* Lomas, todo parece indicar que no hay nada como el *american way of life.*

En el departamento de frutas y verduras, toda la mercancía se ve brillante, reluciente dentro de su paquete envuelto con celofán restiradito, restiradito como se envuelven los regalos de boda. Del techo cuelgan enormes letreros en colores fosforescentes, anunciando las ofertas: Manzana: *Rome Beauty* a tan sólo 965 pesos, *Golden:* mil 200 pesos. Calabacita italiana: 950 pesos, champiñones de París: 4 mil pesos.

El mostrador de pescados y mariscos parece tan limpio como podría estar el quirófano de cualquier hospital privado. Allí los huachinangotes yacen recostados sobre enormes cubos de hielo. No se ven muertos, parecen que están soñando con las playas de Veracruz. Un empleado vestido como enfermero, le propone a una señora joven, llevarse un kilito de camarones a 31 mil 500 pesitos. Ante su negativa, "bueno, pues entonces, lleve mi ceviche, que está de oferta", le sugiere a la clientela, a la vez que pide una galletita salada a su compañero y un *clinex.* La señora, con el meñique al aire, da de pronto un mordisco entre femenino y hambriento a la galleta. Se limpia las comisuras de la boca con el pañuelito y se van sin decir ni siquiera gracias.

Al fondo de este Paraíso Terrenal, donde todo es paz y prosperidad se encuentran las vitrinas con los artículos de importación: cajas de calamares, mejillones, atún, copas de cristal cortado de Italia, tostadores de pan americanos, secadores de pelo, batidoras, vinos, etcétera. Los nuevos carritos en *Sumesa* Lomas son amplios y profundos. Todo, absolutamente todo, les cabe. Por eso las sirvientas rigurosamente uniformadas, almidonadas y planchadas van metiendo latas, galletas, mermeladas, paquetes de pan, pasta, cereales, yogures, jabones de tocador, enormes frascos de *shampú* de *Farraw Fawcet,* cajas de harina *Mary Baker,* latas de *Quick* de todos los sabores, y siguen metiendo y metiendo porque ellas saben, como sus patronas, que mientras más compren todos estos productos que causan el IVA, más dinero les devolverá una cajera amabilísima, que no olvidará decir: "Gracias por su compra".

La Jornada, 16/enero/88

EL FISGÓN.

ENCAJES DE MEDIANOCHE

Atrás quedaron los tiempos en que se podía viajar a Houston o a La Joya, tal y como si se fuera a la esquina para ir de *shopping* y regresar con las petacas (*Louis Vuitton ¡of course!*) repletas y revueltas con kilos y kilos de ropa, aparte de los miles y miles de artículos para el hogar. ¿Cuántas señoras no adquirían con todísima naturalidad docenas de sábanas, chulas de bonitas y de marcas exclusivísimas como *Wamsuta, Pratezi* o *Frette,* pagando por cada juego (sin incluir las fundas), hasta dos mil dólares? Al pasar por la aduana mexicana, difícilmente podían volver a cerrar su numeroso equipaje. Mientras calurosas y sofocadas hacían todo por reacomodar estos artículos de primera necesidad, por todos lados desbordaban toallas, camisones, fundas, termos, sartenes mágicos, *pyrex* para el *soufflé,* destapadores para sacar el corcho en dos segundos, tubos calientes para el pelo, trapos de cocina estilo italiano, hormas especiales para botas, cepillos eléctricos para dientes, máquinas para hacer palomitas, diez pomos de café *Sunká* y otros de *Nestea,* decenas de cajas de *Bufferin* (en esa época dolía la cabeza al estilo americano. . .); hasta edredones de plumas de ganso se asomaban como para quererse elevar por encima de las cabezas de los agentes aduaneros a quienes se les hacía de pronto la vista gorda, gracias a unos billetitos verdes y dos ejemplares de *Playboy.*

Atrás quedaron también aquellos tiempos en que las niñas bien no tenían que trabajar para comer sino que casadas, viudas, divorciadas o separadas, se la pasaban pensando en el vestido que deberían ponerse para ir a la próxima reunión de *bridge;* o bien, meditaban durante horas antes de dormirse, si para su próxima cena, servirían pechugas de pollo en salsa blanca o un filete estilo *Wellington.*

Hoy por hoy, ya no se pueden importar las sábanas, ni las toallas bordadas con ramilletes de flores, ni las niñas bien, casadas o divorciadas, se pueden dar el lujo de no hacer nada de nada. Ahora, la ropa de cama se compra *Made in Mexico* y las niñas bien trabajan para comer.

Así me lo hizo entender claramente Lourdes Quintana, mientras tomábamos café express en el restaurante "La Palma".

41

"Mira, este restaurante es del *Güero* Burillo, el de *Televisa*. Aquí te encuentras a todos los ex alumnos del Patria y del Cumbres. Es el lugar de moda, ¿sabes quién viene seguidísimo a comer aquí? Del Mazo; aquí se reúne con sus cuates, los Lebrija, los Elías Ayub, etcétera, etcétera. La comida es muy, muy rica; además como hay un trío, pues hay mucho ambiente. . ."; mientras Lourdes me platica no puedo dejar de observar la azarosa concurrencia. A lo lejos escucho expresiones que se les parecen a cada uno de los comensales: "¡No es posible!. . . ¿A poco eres tú? No lo puedo creer, es que como hacía tanto tiempo que no nos veíamos. . .". Etcétera, etcétera, etcétera. La mayor parte de los parroquianos es del sexo masculino. Muchos de ellos tienen un ligero aire de *latin lover* profesional. En mangas de camisa, brindan de lo más *relax*. "Estos de seguro están dentro de la Bolsa", pensé al verlos tan seguros. "Están tan ricos, que hasta se ríen solos", me decía con cierta envidia. De vez en cuando pasaban por entre las mesas muchachas que se sentían soñadas, vestidas con sus playeras muy ajustadas, luciendo en el centro enormes cabezas de tigre o de cebra, con bordados realzados. "Estas deben ser de las *golfeux*", pensé envidiosa también, al verlas tan seguras de sus poderes mágicos. . . ; en tanto que unas iban al tocador y otras al teléfono, sostenidas por altísimos tacones, los jóvenes ejecutivos las miraban con cara de tigres hambrientos, no obstante que acababan de comer opíparos trozos de filete. . .

Pero Lourdes no se distraía tanto como la entrevistadora y continuaba platicándome: "¿Que cómo empezamos nuestro negocio? Primero nos asociamos Alejandra Redo y yo, y después llegamos a crecer tanto que invitamos a otra socia, Adela Rivero Lake, y decidimos comprar un local aquí en la esquina de Campos Eliseos y Emilio Castelar. Pensamos que además de ser una buena inversión a largo plazo, nos evitábamos muchos problemas. Fíjate, hace cinco años empezamos Alejandra y yo en mi casa. Allí con una sola costurera y una máquina de coser hacíamos las sábanas. De boca en boca, comenzamos a tener tanto éxito que por eso decidimos abrir la *Boutique Cabassi*. El nombre no quiere decir nada en particular: es un invento. Pensamos que sonaba bonito. Ahora tenemos un taller con cuatro costureras, una planchadora, seis bordadores y doce máquinas de coser". Todo esto lo dice con tanto orgullo, que de pronto tengo ganas de proponerme como cuarta socia, pensando que sólo así podría obtener 50 por ciento de descuento en toda la maravillosa mercancía que se encuentra en *Cabassi*. Después recuerdo que yo no tengo dinero invertido en la Bolsa y me olvido

de la "sociedad" para continuar con la entrevista. "Aparte de sábanas, cubrecamas, manteles, manteles bordados, fundas de edredón,
toallas, batas de toalla y camisones, tenemos una línea de regalos
muy exclusivos y de muy buen gusto. Los manteles de *Cabassi* tienen su sello muy particular, así como los individuales. También
nos gusta tener antigüedades raras. Pero déjame que te platique de
la línea de maternidad. . .". Mientras Lourdes habla no deja de fu-
mar. Lo hace con tanto estilo, que no puedo dejar de pensar que
seguramente fuma desde que tiene cinco años de edad.

El éxito: algo de lo más normal

Sin más ni más, le pregunto qué opina de que las *niñas bien* trabajen. "Yo pienso que deben de trabajar. ¡Bola de flojas! Esas que
nada más están pensando en que si el marido sale con otra o en
que a qué horas se van al tenis. Me parece tristísimo. Alejandra y
yo somos divorciadas y necesitamos trabajar. Para nada creas que
vivimos de nuestras rentas. El trabajar es muy positivo, te pone en
contacto con una realidad que no se ve desde Las Lomas. Pienso
que de alguna manera te humaniza. ¿Ves este sobre gordo que traigo en la bolsa? Bueno pues es la raya de la semana. Acabamos de
subir a los obreros un 25 por ciento. Adela Rivero Lake es la en-
cargada de las finanzas. Ella ve lo de los impuestos, la subida de
precios, etcétera. No sabes lo bien que se organiza. Alejandra Redo
se ocupa de la clientela y de los diseños. Y yo me encargo del taller,
la producción y la supervisión del personal. Por lo general estamos las tres más tiempo en la tienda", dice echando el humo por
la nariz como si estuviera anunciando una marca de cigarros. En
efecto, a cualquier hora se puede uno encontrar a alguna de las tres:
super bien vestidas, enjoyadas, bronceadas y con una *amable-su-
per-sofisticada* sonrisa. Al verlas, cualquiera diría que salen de sus
clases de tenis o de yoga, tan relajadas y sanas se ven. Nunca parecen agobiadas y su *look* es impecable. Atienden a la clientela como
si su trabajo consistiera en un verdadero *hobby*. Algunas veces están
las hijas de Adela, las típicas *teenagers* que con toda naturalidad
dan los precios como si se tratara de verdaderos *peanuts*. "Ese camisón señora, nada más cuesta 80 mil pesos. Eso no es nada en dólares", dicen de un camisón ma-ra-vi-llo-so, perfecto para una recién
casada. "Los camisones, continúa Lourdes, son diseños copiados
de modelos antiguos de la mamá de Adela, la sra. Cortina, que de
lo más amable nos los presta. Mari Riva los confecciona. Las telas

son mexicanas pero las tiras bordadas son suizas, tenemos unos preciosos para las futuras novias. ¿Sabías que tenemos clientela que viene desde Nueva York? Nuestros manteles bordados nos los hacen en Monterrey. Existe una comitiva de costureras que nos hacen una ma-ra-vi-lla en manteles de manta".

De la casa al taller el negocio crece

Además de muy trabajadoras, Lourdes y Alejandra son viajadoras, ya que cuatro veces al año van a Nueva York para estar al día con los nuevos diseños. "¡Ah, entonces están ganando mucho dinero y por eso pueden viajar tanto!", le digo sintiéndome otra vez envidiosa. "Sí, definitivamente, sí es negocio", afirma dándole un perfecto golpe al cigarro. "En Navidad arrasan con todo. Y ahora que se inaugure el *Nikko*, esperamos tener muchas clientas japonesitas".
Lourdes es muy conocida en "La Palma". De varias mesas la saludan. Cuando pedimos la cuenta, nos dice el mesero que ya está pagada. A Lourdes no le llama la atención este gesto, le parece normal. Y pienso que ahora a las *niñas bien* todo les parece *de lo más normal*. Difícilmente se escandalizan, sobre todo aquellas que ya se liberaron de maridos, de familias posesivas, de prejuicios sociales. Estas, las que trabajan, poco a poco van entendiendo que la vida no es de color de rosa todos los días, que a veces, es gris, beige o simplemente color de hormiga. Antes de despedirnos pasamos a la *boutique*. Desde la calle sobresale la originalidad con la que está arreglada la vitrina. Una cama de latón, con una colcha de piqué bordado. En la cabecera se ven muchos cojines de todos tamaños con fundas que hacen juego con la colcha. De repente, pienso en las mamás de las tres socias y me digo que cuando ellas eran jóvenes seguramente nunca pensaron que sus hijas se divorciarían sin miedos y que, sobre todo, fueran a terminar, no ordenando sus propios clósets con sábanas bordadas de lino, sino que acabarían pensando en el salario de obreros de un taller y preguntándose sobre el alza de precios del algodón y de otras materias primas. Ahora me pregunto, ¿en qué trabajarán las nietas y bisnietas de las que fueran las super, super *niñas bien*, bien mexicanas? A saber. . .

El Obelisco, octubre/87

REINAS DESTRONADAS

Había una vez, hace muy pocos años, una señora que vivía como reina. Por los corredores de su castillo iban y venían lacayos y doncellas perfectamente bien uniformados: unos, atendían a los pequeños infantes, y otros, lavaban carrozas último modelo. Por las mañanas, la reina solía desayunar cereales importados. Antes de tomar su tina de baño con burbujas francesas *(Badedas, douceur azur)*, recorría las numerosas puertas de su kilométrico *closet*, para elegir su *toilette*. "¿Qué me pongo?", pensaba ataviada con su bata color marfil de satín veneciano. Después de haber revisado cuidadosamente entre sus diez mil blusas de sedas naturales, veinticinco mil trajes sastres confeccionados en lanas y linos europeos, treinta y dos mil vestidos firmados por los más grandes diseñadores de renombre internacional, cuarenta y cinco mil faldas de texturas 100 por ciento naturales, se decidía por una playerita de algodón *Calvin Klein* y unos pantalones de gabardina inglesa, que recientemente había adquirido en una de las mejores *boutiques*, de Londres. Con el ánimo ligero, colocaba estas prendas sobre su cama *king size*. A un lado, ponía lo que se conoce como lencería de día, es decir su diminuto brasier lleno de encajes de color *champán* rosado, haciendo juego con sus calzoncitos, de corte bikini, tirantero y medio fondo que caprichosamente había querido comprarse en la *boutique* del hotel *Plaza Athenee* en París, a pesar de que había tenido que pagar casi 300 dólares por el "jueguito". "Cómpratelo, mi reina", había dicho su rey, entre cómplice y divertido. Nunca olvidaba colocar también sus zapatos italianos de marca *Sidonie Larizzi* exactamente en el tono del pantalón. Tenía tantos pares de zapatos comprados en sus frecuentes viajes alrededor del mundo que hubiera necesitado que el año tuviera 725 días para cambiárselos diariamente. Una vez que tenía todo listo, se dirigía a su *"budoir"* y allí frente al espejo, se ponía lentamente todas sus cremas. Siempre que viajaba se compraba miles de cremas, aceites, perfumes, lociones, desodorantes, mascarillas, maquillajes, polvos, secadores; cepillos redondos, gruesos, delgados; talcos, barnices para las uñas, lacas, broches, peinetas y diademas para el pelo; rizadores, tubos eléctricos, tenazas, trenzas y caireles postizos; lacas, brochas, pinceles, vibradores, espejos de aumento que se alumbran y esconden las arrugas, pinzas para depilar, tijeritas, frascos de motitas de algodón de colores, lacas, tintes de pelo en tonos naturales, redes, pastas de dientes fosforescentes que dan aliento a rosas, jabones, *shampoo*, cremas depiladoras, cepillos de dientes eléctricos, y otras pequeñas necesidades imprescindibles para su arreglo diario. Todos estos productos los guardaba bajo llave por temor a que una de sus doncellas cayera en la tentación de hurtarle aunque fuera un suspiro del aroma de alguno de sus perfumes franceses. Con la crema hidratante bien distribuida por cada partícula de su hermoso rostro y de su aristocrático cuello, se sumía entre las montañas de espuma y vapor del baño caliente. Desde allí se ponía a pensar en el menú del día: "¿Filete?, ¿camarones?, ¿jamón serrano?, ¿ostiones en su concha?, ¿*canard a l'orange*? ¿*souflé* de queso gruyere?, ¿cerezas?, ¿helados de piñón?, ¿ternera en vino blanco?". La reina sufría mucho porque nunca sabía qué platillos ordenarle a su cocinera. Finalmente optaba por un blanco de Pátzcuaro, unas codornices y muchas verduras en tamaño miniatura.

Y así pasaba la vida esta reina feliz; pensando en cosas amables, viajando, dando órdenes al servicio, recibiendo a sus numerosas amistades, cultivándose con libros importados, apartando por teléfono, desde su tina en México, las localidades del teatro en Nueva York, mandando a sus pequeños a veranear a los mejores *camps*, asistiendo a sus sesiones con el siquiatra, atendiendo las descomposturas de su casa de campo, haciendo con cuidado las larguísimas listas de su próximo *shopping*.

Hasta que un día empezó a entrar por las grietas de los inmensos muros de su castillo una plaga, una calamidad enorme, horrible, espantosa, espeluznante, imposible de aniquilar, conocida como Crisis Económica. "¡Sáquenla de aquí!", ordenaba con furia la reina a sus sirvientes. Pero la Crisis Económica, que ya para entonces había abatido todo el reino, no quiso salirse de su castillo y día a día fue destronando a la reina hasta convertirla en una reina sin corona.

Colorín colorado este cuento se ha acabado, porque ahora estas reinas viven diferente. Sin embargo, todavía existen algunas que a pesar de la Crisis Económica viven todavía mucho mejor que antes, porque sus fortunas se dolarizaron. No obstante, me incliné a entrevistar a cinco de las destronadas y preguntarles de qué manera les han afectado las medidas del *Pacto de Solidaridad*. Escuchémoslas:

"Mira, a las que nos fue mal con la Bolsa estamos padeciendo como nunca con esta inflación. Yo ya no voy al salón. Los vestidos de *cocktail* que solía comprar en el extranjero me los estoy mandando a hacer con una modista. Tuve que dejar de ir al siquiatra, porque ya no me alcanzaba. Ahora, cada vez que me azoto, me desahogo con mis amigas. Ultimamente, cuando voy de compras me pregunto: "¿Lo necesito o no lo necesito?". En el único lujo que no hago ahorros es cuando voy con mis amigas al restaurante. Por lo general, comemos en el *Champs Elysees* y me gasto como

50 mil pesos, yo sola. Por el aumento, he tenido que dejar mis clases de Religiones comparadas, Apreciación artística y Arreglos florales japoneses.

"Entre pagar mis clases y despedir al chofer, preferí quedarme con el chofer. Como ya no puedo viajar tanto, ahora compro mis cremas en México, ¡ni modo! De todas maneras están carísimas. Una crema de noche B21 de _Orlane_, la más pequeña cuesta 150 mil pesos y no es tan buena como las otras. Ya no compro pasteles ni galletas, ahora los hago yo. Para las próximas vacaciones, nos vamos a Cancún a casa de una amiga. Vamos a hacer intercambio. Nosotros le prestamos nuestro departamento en Nueva York, y ella su casa en Cancún. Es una manera de ahorrar, ¿no? Por lo pronto no me compro ropa _made in Mexico_, porque te lo juro que tengo suficiente, hasta para dentro de tres años", dice esta señora que afirma que esta crisis "nos va a hacer a todos más conscientes y a pensar más en los que _no_ tienen".

¡Es que todo está carísimo! —dice otra que está super afectada por la inflación. ¿Sabes cuánto cuesta mi perfume _Joy_ de _Jean Patou_?, 596 mil 400 pesos. No sé qué hacer, porque no pienso ni de chiste cambiar de marca. El otro día pregunté el precio de una bolsa en _Aries_; no lo vas a creer; 500 mil pesos, que porque era de piel de bovino. ¿Te das cuenta? Fíjate, yo antes iba cada fin de semana a _Perisur_ para ver qué había de nuevo en los aparadores. Ahora nada más puedo comprar en baratas. Antes a mis hijos los llevaba a comer al _San Angel Inn_, a la _Hacienda Tlalpan_, a _La Mansión_, y ahora comemos pizzas, crepas, tacos, hamburguesas, tortas, en fin todo lo que engorda y llena. A los restaurantes japoneses ya nunca vamos, ¡están carísimos!

Una de las más amoladas porque perdió en la Bolsa, me confesó: "Estoy vendiendo dos collares de perlas, mi plata, mi anillo de diamantes, y mi anillo de compromiso. Para mis cenas ya no compro vino de importación y en lugar de whisky doy tequila. Rompí mis tarjetas de crédito del _Palacio de Hierro_ y _Liverpool_. Ahora compro puras ofertas o la ropa vieja de mis amigas que sí viajan. Ya no puedo comprar el pan dulce en la _Baguette_. Me lavo el pelo con _shampú_ de jojoba, porque el de _L'oreal_ está carísimo. Ya no te digo más porque me amargo", dijo colgándome el teléfono.

Otra, que sigue siendo muy rica, pero ya no millonetas, dice que la crisis le ha afectado pues desde enero ya no compra filete ni ternera. Que en sus cenas da pechugas de pollo (divididas en cuatro), rellenas de flor de calabaza. Que le da mucha pena pero que ahora compra marca libre. Que se pasa las horas hojeando las revistas en *Sanborn's*, porque ya no puede comprar el *¡Hola!* y el *Vogue* francés. Que desde lo del Pacto, en su casa ya no hay flores porque están carísimas. Que antes se vestía en París, y que ahora por lo de la crisis, se viste en Estados Unidos con marcas chafas. Que ya no puede comprar *compact disque*, ni libros de arte. Que hace mucho no compra camarones. Y que prefiere tener un mozo que le sirva la cena y ahorrarse en el postre. Un *buttler* "es importantísimo", dice.

La última que entrevisté estaba literalmente *shocked* con esta inflación: "Antes podía comprar quesos *gruyere*, *rochefort*, o de cabra, y ahora nada más compro el de Oaxaca. Antes mis tres *maids* y el chofer comían como nosotros, y ahora ya no les puedo dar carne y hago trucos con frijoles y arroz.

"El otro día me robaron mi *Corsar* y lo tuve que reemplazar con un *Tsuru* porque es más barato.

"Ya no vamos tanto a restaurantes. Es cierto que con esta crisis te vuelves más consciente.

"El otro día que me fui a comprar un par de zapatos pensé: Cómo me voy a gastar en un par de zapatos 170 mil pesos, si es lo que gana mi *maid*? Lo que se me ha limitado mucho es mi presupuesto de regalos de boda. A veces me da pena mandar cosas plateadas o de artesanía. Tengo tres perros, y antes les daba carne y croquetas, ahora nada más comen croquetas, pobres, ¿no?".

La Jornada, 7/marzo/88

EL ARTE DE SABER ESCUCHAR

Desde que me acuerdo, siempre me ha gustado escuchar conversaciones ajenas. Muchas veces he llegado a pensar que de ellas se aprende más de la vida que de las mismas telenovelas. Cuando las escucho no soy juez, simplemente me convierto en espectadora. Andando el tiempo he desarrollado un sistema que me permite, de más en más, seguirlas sin perder el menor detalle, pero sobre todo sin que mi intromisión sea advertida. Sin embargo, esta "virtud" puede a veces resultar más abrumadora que entretenida. La otra tarde, mientras esperaba que mis hijos salieran del dentista, fui testigo de un monólogo verdaderamente aterrador. Eran dos señoras que platicaban sin cesar, mientras cada una hojeaba una revista vieja del *Hola*. La de más edad llevaba pestañas postizas, el pelo muy corto con un flequito y medias perlas con brillantes en las orejas. A pesar del calor que se sentía dentro del consultorio, traía una falda gris de lana y una blusa azul marino de poliéster. La más joven parecía más primaveral con su falda de flores de algodón, playera blanca y sandalias sin tacón.

—Te lo juro que me siento cansadísima—, decía la de las pestañas, mientras nerviosamente pasaba las hojas de la revista. No sé que me pasa, ando de lo más acelerada. Como que últimamente todo me sale mal. ¿Sabes cuántos cheques me rebotaron el mes pasado? Seis. Por cada uno tuve que pagar seis mil pesos. Ahora sí que ya no me alcanza para nada. Yo ya no voy al super, vivo al día. Hace 20 días no he sacado la ropa de la tintorería, me tengo que esperar hasta la próxima quincena. ¿Tú crees que me he podido comprar sandalias este verano? ¡Ni de chiste! Cuestan 30 mil pesos. O pago la carne o mis pies toman el aire fresco. Te lo juro que ya ni me importa arreglarme.

—Pues haces mal, porque todavía estás muy joven—, le decía su amiga entre distante y solidaria mientras admiraba la fotografía de lady Diana en el Festival de Jazz del *London Paladium*.

—Mira, desde que me asaltaron esos tipos ando muy deprimida. Por las noches tengo insomnio y entonces me pongo a pensar en mi deuda de *Liverpool*. Como no he pagado, los intereses se me han triplicado. ¿Sabes cuántas veces se ha llevado mi coche la grúa? Como cuatro veces. Para colmo, el otro día me pegaron en el periférico. Te lo juro que todo el mundo anda que se lo lleva el tren. No nos engañemos, es la situación del país. Andamos como asustados, como con prisa, como si sintiéramos que algo muy grave va a pasar. Nadie sabe qué va a suceder después del Mundial. ¿Te dije que tuve que quitar Cablevisión?

—Yo también lo quite. Creíamos que vendiendo la acción del club nos íbamos a equilibrar, pero nada más. ¿Te conté lo que le pasó el otro día a la cuñada de un amigo? Iba en su coche a la altura del Conservatorio en Presidente Mazaryk. Allí el alto dura eternidades, ¿no?, entonces ya ves que se juntan muchos vendedores ambulantes, los que venden hules para el parabrisa, las Marías, los que venden conejitos, loritos, patitos, los lanzafuego y, claro, hay un montón de niños que te limpian el parabrisa. Bueno, pues para no hacerte el cuento largo, uno de ellos le quiso limpiar su parabrisa, y la muchacha dijo que no porque no traía cambio. El niño de todas maneras lo limpió y se acercó a ella para que le diera algo. Ella le dijo que no con la cabeza. Y el niño de puro coraje con su esponjita mojada le rozó el cachete. Ella creía que nada más se lo había mojado, pero cuando llegó a su casa se miró en el espejo y vio que tenía sangre en la cara. Inmediatamente se lavó y fue entonces cuando descubrió que tenía una cortada muy superficial. El niño que le había limpiado el parabrisa la había herido con una navaja escondida en el interior de la esponja. ¿Te das cuenta qué violencia? Yo por eso ahora traigo las ventanas bien cerradas y naturalmente no les doy ni quinto.

A la señora de las pestañas, mientras escuchaba el relato de su amiga, se le iba poniendo la cara de terror. La revista *Hola* estaba abierta sobre sus piernas justo en un reportaje de Julio Iglesias, donde aparecía fotografiado con su perro y sus dos hijos.

— ¡Qué horror!, ¿entonces casi le cortan la cabeza porque no le dio ni un centavo al niño? Híjole, te lo juro que ahora sí todos esos nacos se nos van a venir encima con navajas y pistolas. ¿Qué vamos a hacer? Estamos viviendo en un país criminal, corrupto, violento, resentido, contaminado. Te lo juro que si vuelve a temblar nos vamos a morir todos. Este país desaparece después del Mundial. ¿Cuánto te apuestas que no vamos a ganar ningún partido? Somos unos perdedores —comenzó a decir en voz alta. No damos una, estamos fregados.

Ya para entonces, el resto de las personas pero sobre todo la enfemera tenían los ojos encima de la de las pestañas. "¿No gusta un café, señora?", le preguntó la enfermera con toda amabilidad. "No, gracias", contestó cortante. En esos momentos apareció un niño con uniforme: "Mami, mami, dice el doctor que necesito frenos y que no has pagado lo de las caries".

La pobre señora de las pestañas postizas se levantó, tomó a su hijo de la mano y desapareció. Todos nos quedamos con la boca abierta, menos su amiga que seguía sumida en la lectura del *Hola*.

La Jornada, 17/mayo/86

ADIOS A LA GASOLINA

Durante dos días estuve espiando con mucho cuidado el movimiento del marcador. Poco a poco vi cómo llegaba hasta donde empieza la reserva. A partir de allí, no hacía más que vigilar su lento descenso. La idea de que pronto, muy pronto, se acabaría, comenzó a angustiarme. Sin embargo, seguía mi camino para ver hasta dónde podía llegar. Por momentos, parecía que la aguja se quedaba quieta y entonces preferí engañarme diciéndome que aún con la reserva podía llegar lejísimos. Cuando pasaba frente a las gasolineras, procuraba no verlas, me ponía a silbar, ignorándolas por completo, como si no existieran. No obstante, los nervios de mis manos comenzaban a tensarse de más en más: empezaba a sentirlas húmedas. Me puse entonces a utilizar mis poderes mentales; quería, con su fuerza, paralizar el marcador exactamente en el mismo nivel que se encontraba. Después de darle la orden, decidí ya no mirar el tablero. Sin más ni más, me puse a pensar en la inmortalidad del cangrejo, es decir, en nada, durante varios kilómetros. En esto estaba, cuándo de pronto mis ojos volvieron a detenerse sobre el tablero. Por una mala jugada del destino vi que el marcador ya estaba casi al límite inferior. Me costó trabajo creerlo, no era posible que en ese tan corto trayecto se hubieran esfumado, por así decirlo, casi los cinco litros de la reserva. "¿Me habrían sacado la poca gasolina que me quedaba en ese alto que duró tanto tiempo?", me pregunté absurdamente. Otra posibilidad era que el marcador se acabara de descomponer. Esta me pareció más remota, porque nunca antes se me había descompuesto y no había razón para que de pronto ocurriera. De repente, me plantee yo solita un problema como aquellos que nos ponía la maestra María Guerrero en clase de aritmética (hoy conocidas como matemáticas) en el colegio: "¿Cuántos litros de gasolina necesita la mamá de Lolita para recorrer en su coche verde 20 kilómetros, si con un litro se recorren cinco kilómetros?".

Por más que trataba de encontrar el resultado, no podía. Siempre fui mala para los problemas. ¡Cómo extrañé en esos momentos a mi compañera Ofelia Olivar, a la que siempre le copiaba en clase! De seguro ella me hubiera contestado, como lo hacía siempre, sin vacilar. Mientras trataba de multiplicar, mi tanque de gasolina se restaba. De pronto me acordé de que no llevaba mucho dinero y me plantee otro problema: "¿Cuánto dinero necesita la mamá de Lolita para llenar el tanque de gasolina de su coche verde, si cada litro, de la más barata, cuesta 125 pesos y para llenarlo necesita 35 litros?". Este me pareció aún más difícil que al anterior. Como pude, mientras manejaba, busqué mi cartera en la bolsa; la saqué y me encontré que hasta el fondo había un billete todo arrugadito de 500 pesos. "¿Cuántos litros de gasolina se pueden comprar con 500 pesos, si cada litro cuesta 125 pesos, es decir 50 por ciento más que antes?", me pregunté en medio del periférico, sintiendo mi corazón hacer buuum, buuum. Me era imposible contestar. "¡Ofelia, Ofelia!, ¿dónde estás amiga aplicada?, ¡dime cuántos litros, por favor!", murmuraba ese inconsciente que tanto me traiciona en circunstancias semejantes. A lo lejos de una larguísima fila de coches, vi un letrero que decía: *Alencastre*. A como diera lugar tenía que llegar hasta esa salida que me llevaría a la primera gasolinera. "Nunca me has quedado mal", comencé a decirle a mi cochecito. "Si nos quedamos tirados aquí, los demás nos despedazarán sin misericordia", continuaba diciéndole esa voceíta que me es tan familiar. Así lo entendió y como pudo, por fin, hicimos una salida gloriosa por *Alencastre*.

Tres kilómetros después estaba la gasolinera de Monte Pelvoux. ¡No era posible!, estaba llenísima de coches sedientos como el mío, y por añadidura había dos bombas descompuestas. "¡Vámonos!", le ordené a mi corcel verde. Irresponsablemente nos

fuimos como de rayo. Durante el camino lo iba felicitando por
su valor, por su ahínco, pero sobre todo por su gran comprensión.
Y así, con toda nuestra dignidad, finalmente llegamos a nuestro
destino. Justo al momento de apagar el motor, se dejó escuchar
un leve y extraño quejido: se había acabado por completo la gasolina, ya no quedaba ni una gotita. Me bajé del coche. Le di unas
palmaditas en una de sus defensas y me metí a mi casa, sintiéndome completamente exhausta.

Desde entonces han pasado tres días con sus noches. Mi pobre
coche se encuentra en el mismo lugar en que lo dejé.

A veces, me asomo por la ventana y lo miro. Parece triste y
abandonado, su color verde se le ha ido apagando. Seguramente
se siente inservible y deteriorado. He tratado de consolarlo, diciéndole que debido al alza del precio de la gasolina, me resisto a
darle de beber ese costosísimo líquido. "Trataremos de ahorrar",
le dije mientras le quitaba las hojas secas de su parabrisas.

Ahora, hago todo a pie. Resulta más cansado, pero también
más económico. "Hacer ejercicio", me dije desde la semana
pasada.

Me temo que ya no puedo continuar este texto por falta de
tiempo. Veamos: "¿Cuánto tiempo empleará la mamá de Lolita
en ir caminando, en pesero, en autobús y en Metro hasta Balderas
68, esquina con Artículo 123, si en su automóvil necesitaba más
de media hora?".

La Jornada, 16/agosto/86

VIVIR AL DIA

"¡Pero Carmen!, ¿cómo es posible, que ya no te quede nada de los cinco mil pesos que te di ayer?" —le dijo con cara de una mujer pobre y angustiada. Carmen la miró con impaciencia. Sin decirle una palabra, se dirigió hacia la cocina y regresó con un papelito blanco en la mano.

"¡Aquí está lo que gasté en el super!", le repuso contundentemente con mirada oscura e irritada. Sintió su coraje y lamentó que ya no la quisiera como hace diez años. Comprendía, sin embargo, que una convivencia de hacía tanto tiempo tendía a enfermarse irremediablemente, pero para ella, Carmen era parte de su equilibrio emocional. Cuando la sentía distante, siempre tenía ganas de pedirle perdón por algo que pudo haber cometido sin darse cuenta. Sabía que le molestaba que le pidiera cuentas, pero como no se las podía pedir a los comerciantes que subían día a día los precios, intentaba explicar esta inflación con la ayuda de Carmen. "¿Te das cuenta que casi diariamente estamos gastando cinco mil pesos en comida y que la carne se paga aparte?", le dijo sin poder evitar. muy a pesar de ella, la típica voz de patrona. Se odiaba cuando se sentía así de mezquina; para más, odiaba su cuenta de banco, que *ella* sí adelgazaba a pasos agigantados. No obstante que Carmen la conocía de memoria, todavía no se acostumbraba cuando "la señora", le hablaba "golpeado". Sin embargo, le había tomado cariño, a pesar de su estilo personal para ordenar. "Lo que pasa, señora, es que diario se hace el super. Si alguien lo hiciera una vez por semana, se ahorraría más". Cuando escuchó lo de: *alguien*, sintió que

55

estaba dirigido derechito a ella. Pero últimamente, odiaba hacer compras. Ir al supermercado la deprimía profundamente. Pensaba que ya había superado esa etapa. Además, después de un severo sondeo entre sus amigas se había convencido que ahora, debido a la crisis, lo mejor era vivir al día. "Se gasta mucho menos", le dijo su amiga catalana y excelente ama de casa. "Por qué aparece aquí varias veces un 6 por ciento?", se atrevió a peguntar la señora. "¿Qué no sabe que es el IVA de algunos productos económicos, aparte del 15 por ciento que cobran por los que dicen que son de lujo?", aseveró Carmen, sintiéndose cada vez más segura en sus conocimientos de finanzas. De pronto se acercó a su patrona y con voz experta, empezó a decirle: "Los 731 pesos son de la lata de duraznos; los 222 pesos del foco que ya se fundió en el corredor; dos veces 83 pesos son del jabón del baño de arriba y el de abajo; 338 son del betabel, que no les gustó a los niños y que dejaron todo; 429 son de un frasquito chiquito de mayonesa; 550 de las papas; 157 de un paquetito de *spaguetti*; 303 de las naranjas que por cierto salieron bien agrias; 423 es de la bolsa de ejotes de *Campbell*; 607 del *Knor Suiza*, del tamaño más chiquito y los 244 es de una mantequilla chiquita y que ya casi se acabó "en el desayuno". Efectivamente, todo eso por "chiquito" que fuera sumaba 4 mil 170 pesos. Sin embargo, seguían faltando 830 pesos. ¿Dónde estaban? ¿En qué se habían gastado? ¿Comenzaba Carmen a engañar a su patrona después de haber trabajado con ella tanto tiempo? O bien, su novio, ¿le exigía el cambio antes que la señora? ¿Acaso la cajera del super entregaba mal los cambios con conocimiento de causa? ¿Sería posible que uno de los niños de la propia patrona, esculcara entre los cajones de la cocina para llevarse los cambios? Y sí fuera así ¿para qué necesita tanto dinero un niño que tiene todo en su casa? Qué cosa le dijo Carmen cuando la señora le preguntó: "¿Y en qué gastaste lo que te sobró?", dijo con el perfecto tono que se requiere en estas circunstancias, que en el fondo la mortificaban tanto. Hubo un momento de silencio. A lo lejos se oían los pajaritos cantar. La respiración de Carmen parecía agitada: "¿De allí compré la leche, fueron 430 pesos; de tortillas fueron 200; de pan gasté 100 pesos y le dí 100 pesos al muchacho que me ayudó con la bolsa del super. Ya no había más que indagar. El gasto de los cinco mil pesos estaba correctamente justificado y probado. Carmen seguía siendo tan honrada y fiel como en 1976. ¿Qué pasaba entonces? ¿A qué se debía tanto gasto y tanta enemistad entre ellas? ¿Quién era la culpable? La inflación, esa que no respeta ni clase social ni profesión ni edad ni sexo ni mucho menos nacionalidad. La inflación, ese cáncer, era lo que las estaba separando, enfermándolas de más en más. Por culpa de esa maldita enfermedad las dos se habían vuelto desconfiadas, hostiles, deshumanizadas. Las dos se estaban amargando. A las dos se les iba el dinero como arena entre los dedos. De pronto, las dos se miraron y comprendieron que eran víctimas del mismo azote. En esos momentos, un sentimiento de impotencia las invadió. El trino de los pajaritos se escuchaba cerquísimo. Sus ojos se llenaron de lágrimas. Tuvieron ganas de abrazarse, de consolarse. Pero no pudieron. Algo que sucedió hace miles de años, se los impedía. "¿De cuánto fue la nota de la carne que firmaste ayer?", preguntó la señora como para romper el silencio. "Por tres pechugas partidas por la mitad y aplanadas, fueron 2 mil 550 pesos. Cada pechuga cuesta 850 pesos", dijo Carmen con voz temblorosa. "Entonces ayer se gastaron 7 mil 500 pesos. Muy bien. Gracias", agregó. Una se fue hacia la cocina y la otra hacia su recámara.

Desde ese pequeño diálogo, Carmen y su patrona se hablan de menos en menos. La primera sigue haciendo las compras en el super; y la segunda, gastando el dinero.

La Jornada, 15/noviembre/86

EN VENTA...

¡Ah, la crisis! Esta crisis que nos trae a todos de cabeza (aunque no por igual): a millonarios, a riquillos, a pobres y a miserables. ¿Hasta cuando esta situación nos permitirá ver claro? Ya no importa si se vive en las Lomas o en el Pedregal; en la colonia Obrera o en Neza; en la del Valle o en la Doctores, el caso es que todos andamos necesitados de dinero, de créditos, de préstamos. Con la bilis derramada, nos quejamos de la inflación las 24 horas del día. Esto se siente en los periódicos, pero en particular en las secciones de anuncios clasificados. Cada vez, son más importantes, más voluminosas. A lo largo de páginas y páginas, se lee: "Aproveche ganga, urge, se vende, remato, ofertón, magnífica oportunidad, saldamos, malbaratamos, etc., etc.". Muchos de los anunciantes son de zonas residenciales. Se les preguntó por qué venden: "porque nos vamos a vivir al extranjero. Porque queremos comprar más dólares. Porque queremos invertir en Cetes y Petrobonos. Porque vamos a radicar en la provincia. Porque quebró mi negocio", contestaron.

Los de las zonas medias y más modestas, respondieron: "Por necesidad. Porque ya no me alcanza para nada. Porque tengo muchas deudas y me urge el dinero. Porque soy desempleado. Porque tengo que pagar la tenencia de mi coche. . ."

Lo importante es vender, lo que sea; pelucas, pistolas, cubiertos de plata, videocaseteras, televisores, cobertores eléctricos, ropa de maternidad seminueva, criptas en el panteón, teléfonos para automóvil, veleros, acciones de clubes de golf, espejos dorados de la época de Maximiliano, escopetas, aparatos de sordera, yates, relojes _Relox_, coches, casas, condominios. . . Casi todo está a la venta, en dólares.

Me permito transcribir algunos de estos anuncios y reproducir ciertos comentarios de los anunciantes. Leamos: "La tercera parte de su valor, remato todos mis bellos muebles, candiles, etc., etc. Paseo de las Palmas, Lomas de Chapultepec". Escuchemos: "Decidí vender todo mi mobiliario, porque me quiero ir a vivir a La Joya con mi hija. Este país me deprime, ya no tiene solución. Voy a rentar mi casa en dos mil dólares, a unos señores de la Embajada de Canadá. Me niego a rentarles a mexicanos. No les tengo confianza. Tengo candiles de ma-ra-vi-lla. El más pequeño de 30 luces, cuesta un millón 800 mil pesos. También vendo una recámara _Bull_ y otras di-vi-ni-da-des".

En la sección de _Animales_, descubrí lo siguiente: "Yegua fina (no del Colegio Francés) campeona nacional, finalista infantil 86; 6 años, tordilla, increíble saltadora". Habla su dueño: "Es una yegua blanca preciosa. La estamos vendiendo a muy buen precio, 10 mil dólares. Es de pura sangre y no tiene vicios. Tiene un carácter lindísimo. Mi caballerango se la puede enseñar en el _Jockey Club_, a cualquier hora. Es la yegua de mi hijo pero ya le quedó chiquita. Además necesito los dólares para mantener mis otros 13 caballos alemanes". Como no sé montar, preferí seguir buscando otra cosa.

Encontré el anuncio de una persona que vendía su equipo de buceo. La llamé varias veces, pero nadie contestó. Supuse que estaría en el fondo del mar y no insistí.

"Vendo tres muñecas de colección con cabeza de porcelana", me dijo telefónicamente una señora, "es que quiero irme a Guanajuato. Allá todo es más barato. Aquí mis rentas no me alcanzan para vivir decentemente", comentó antes de colgar.

Con mucha tristeza leí otro anuncio: "Se vende pintura de Virgen de Guadalupe, estilo popular, siglo XIX, marco dorado. Buen precio. Urge". La propietaria explica la razón: "La vendo porque yo ya no creo en nada, ni en nadie. Es lo único bueno que tengo.

Prefiero meter el dinero al banco para que me rinda. Le estoy rezando para que se venda bien".

Un señor que vive en el Pedregal de San Angel, anunció: "Vendo dos trajes, abrigo nuevo, talla cuarenta". Con mucho orgullo, el señor me aseguró que eran de casimir americano y que estaban "¡magníficos!". Cuando le pregunté el motivo de la venta: "Si vendo es porque necesito el dinero", me repuso furioso, y colgó.

Estaba ya a punto de dejar esta interesantísima encuesta sociológica, cuando de pronto leí: "Cama de agua, *king size*, con calefactor. Nueva. Importada". Ni tarda ni perezosa llamé. Una voz joven, me informó: "Es americana. Con base, cuesta 190 mil pesos; y sin base, 110. Tiene calefactor y una bolsita, con muchos parches, por si se le poncha. El agua se puede conservar hasta 20 años, poniéndole un polvito cada mes. Le caben 400 litros de agua. Es ideal para las personas con insomnio. Las traigo de fayuca y todavía me quedan algunas". Colgué pensando que, aparte, también servía de reserva para la temporada seca.

Una señora extranjera, necesitadísima y apuradísima por vender su piano *Wurlitzer* para poder regresar a su país (debido a la inseguridad de la ciudad) insistió, por teléfono en tocarme un fragmento de una *Mazurka* de Chopin, para que escuchara la excelencia del sonido. "No es caro, una ganga. Dos mil dólares". La felicité por su talento y le dije que lo pensaría.

"Por viaje, vendo lindo saco de nutria nuevo. Véalo, le gustará (800 mil pesos)". Llamé y durante media hora la señora me platicó sus problemas para encontrar ropa bonita en "este país". Le urgía entonces el dinero, para irse a Houston de *shopping*.

Como contraste, encontré lo siguiente: "Vendo carrito hot dog, nuevecito, 300 mil pesos. Se puede negociar. Urgeme el dinero". Pensando en el alza de la carne, llamé varias veces para informarme.

"Vendo becerra *Holstein*, de inseminación cargada. Barata".

Pero finalmente, todo lo anterior es normal, ya verán cómo un día de estos, leeremos con grandes titulares: "Aproveche, ganga. Se vende México. Urge".

La Jornada, 24/enero/87

CARTA DE AMOR

Querido:

Ayer por la noche te molestaste, porque te dije que mi máxima ilusión sería casarme, primero por lo civil y luego por la iglesia. Yo sé que tú tienes tus ideas muy diferentes a las mías respecto al matrimonio. Sin embargo, pienso que los dos hemos llegado a una edad adulta que debemos pensar responsablemente. Sobre todo en el estado en que me encuentro. No quiero, por favor, que pienses que te estoy reprochando nada. Antes de hacerlo te dije que estaba segura. Asumo la responsabilidad, primero porque te quiero y después porque ya no hay nada que hacer.

Estoy de acuerdo contigo cuando dices que lo importante es que tú y yo nos queramos y que los convencionalismos no sirven para nada. Correcto, pero ¿y las ilusiones no cuentan para ti? Déjame decirte que, desde que me acuerdo, me he soñado vestida de blanco frente al altar al lado de mi novio. Recuerdo que cuando mis hermanas y yo éramos pequeñas, mi mamá nos hacía rezar por nuestros futuros novios. Siempre nos decía: "Miren, niñas, el día más importante en la vida de cualquier mujer, sin importar clase social, es el día de su boda". Con esta ilusión crecí. Llevo años esperando ese día (tú sabes cuántos) y me parecería injusto, privarme de este sueño.

Ayer por la tarde justamente, pasé de pura casualidad frente a

San Agustín, que está en Horacio, en Polanco. Como tenía tiempo quise informarme un poquito sobre los precios. ¡Qué horror, todo está carísimo! Una boda religiosa cuesta 173 mil pesos. Claro que vienen muchas cosas incluidas por el mismo precio. Fíjate, tienes derecho a 14 reclinatorios, la iluminación, 25 arreglos florales de crisantemos blancos, una alfombra roja que va, desde la puerta, hasta enfrentito del altar, un organista, ¡magnífico! (creo que estudió en Viena); 2 voces, 2 violines, o si prefieres 2 trompetas, por si queremos música de Hydn. Además, por el mismo precio, el padre lee una epístola de San Pablo y lo que se llama el "fervorín", que es como una plática especial para la pareja. Es obvio que no le diríamos en qué estado me encuentro. Ese es nuestro secreto, ¿verdad? La señorita me explicó que entre más tardáramos en decidirnos, más caro nos podría salir. Dice que también la Iglesia sigue el ritmo de la inflación. Si te parece muy caro, podría informarme sobre los matrimonios colectivos. Pero, ¿qué tal si el padre se hace bolas y yo resulto casada con el señor de al lado y tú con su novia?

¿Sabías que no te puedes casar por la iglesia si no estás casado por el civil? Como es indispensable, también me informé. Los derechos de matrimonio y los honorarios del juez cuestan 78 mil pesos. Por cierto, para todo se necesita acta de nacimiento y tres fotos tamaño infantil (tú siempre sales guapísimo en las fotos, ¿verdad?).

Puedo decir que desde que te conocí ha sido para mí como estar dentro de una Luna de Miel. Te lo juro. Sin embargo, pienso que no nos haría mal tomar unas vacacioncitas, después de tanto ajetreo. Primero se me ocurrió Acapulco, pero el boleto de avión está carísimo, cuesta: 70 mil 572 pesos viaje redondo (el día de hoy, casi diario sube). Si quieres nos podríamos ir a Guanajuato en autobús, en un Flecha Roja. Te repito, para mí lo importante es que estemos juntos. Es más, si quieres la primera noche la pasamos en cualquier *suite* de cualquier hotel de la Zona Rosa, para que yo pueda estrenar mi juego de camisón y bata que aún no conoces y que está. . . super sexy. Los precios están entre 60 y 100 mil pesos.

Por lo del vestido de la boda no te preocupes. Puedo usar cualquiera de mis hermanas, o me compro uno de encaje de bolita, que cuesta 150 mil pesos. Claro que si te quieres poner muy espléndido, hay unos precios en *Novias Pichelina*, de *Perisur*, que valen 300 mil pesos. Tu traje lo puedes alquilar en casa *Marcelo* que está en Alvaro Obregón. Lo malo es que ese sí lo tienes que regresar y no lo puedes guardar como recuerdo (muchos novios alquilan el traje y nadie se entera).

Como a mí también me chocan los convencionalismos sociales,

estoy decidida, te lo juro, a invitar a muy poquita gente, nada más la familia, los íntimos y los amigos. De allí en fuera, nadie más.

Curiosamente, el otro día paseando por la colonia del Valle visité algunos departamentos muy simpáticos. Hay uno monísimo en las calles de Sacramento. Está chiquito, pero lindo. Por tratarse de mí, y porque discutí con el dueño 2 horas me lo dejan a 180 mil pesos. Hay que dejar dos meses de depósito y un mes de renta, porque si no, no tienen confianza. Lo malo, querido, es que hay que amueblarlo. Podríamos comprar muebles mexicanos rústicos. Esos que siempre están de oferta. Pero antes que nada hay que comprar la cama matrimonial. Un colchón *Selther* con todo y base cuesta 260 mil pesos. (Son los que soportan una aplanadora. ¿Te imaginas nuestras noches. . .?)

Después de pensarlo mucho, he decidido que no quiero anillo de compromiso. Aunque se dice que un brillante es una inversión "que dura toda la vida", es un gasto muy elevado. El más chiquito como el punto de una *i*, de .15 de kilate, cuesta 150 mil pesos. ¿Te das cuenta? Al lado de la oficina hay una joyería donde venden unas argollas chapeadas en oro en 30 mil pesos. Esto es más que suficiente.

Bueno, antes de despedirme te quiero decir que me gustaría regalarte en este día un disco de *Los Panchos*, que no terminara nunca; un calendario con puros domingos y muchos puentes para que estemos juntos; una jaula llena de pajaritos inmortales; una montaña rusa, que llegue hasta el cielo.

También quisiera regalarte un par de alas, para que puedas volar muy, muy alto, pero, sobre todo, te regalo todas mis ilusiones, incluyendo las que no te gustan. . . y mi corazón.

Tuya, tu novia.

P.S. Híjole, ¿te das cuenta de los futuros gastos que nos esperan en unos meses. . .? ¿Cuánto costará un cuarto independiente en el hospital? Otra vez yo.

La Jornada, 14/febrero/87

LA CRISIS EN POLANCO

Hace mucho que Polanco dejó de ser una de las zonas *más* residenciales de la ciudad de México. A lo largo de sus grandes avenidas como son Horacio, Homero y Presidente Mazaryk, en lo que eran espléndidas residencias de estilo californiano, con frontón y extensísimos jardínes, ahora se ven restaurantes, bancos, casas de bolsa; pero sobre todo, *boutiques*, muchísimos comercios de todo tipo. Allí en este vasto y *sui géneris shopping center*, se puede comprar desde un par de sábanas marca *Corredi* a 230 mil pesos, hasta un delicioso jugo de mango en la *Ciudad de Colima*, por mil 200 pesos.

Es tan profunda la transformación de esta colonia, que en sus pequeñas calles con nombres de filósofos y escritores ya no se respira aquella paz que apenas hace muy poco tiempo se sentía, sino que, también por allí, la circulación de coches se ha intensificado notablemente. Seguido, frente a las pequeñas casas de techos de dos aguas pintadas de toda la gama de tonos durazno, chabacano, melón y sandía se encuentra uno con coches estacionados hasta en tercera fila.

Estos autos están allí por varias razones: porque sus propietarios (por lo general son señoras), van al *kinder* a buscar a los niños, porque se bajaron rapidito al salón y luego ya habrá alguien que lo estacione, porque fueron en una carrerita al mercado sobre ruedas, o bien, porque sus propios coches se han transformado en comercios ambulantes.

De un tiempo para acá muchas señoras de Polanco y naturalmente de otras zonas se han dejado convencer de que no hay nada mejor en época de crisis que emplearse a sí mismo. Por eso, como muchas todavía no se animan a trabajar de tiempo completo, han decidido convertirse ellas mismas en comerciantes independientes.

Por las mañanas salen, muy temprano, de su casa, sin maquillar, peinadas con cola de caballo y nada más vestidas con su *jump suit* y *tennis*. Las más jóvenes instalan al bebé en su silla especial en la parte delantera del coche. Generalmente se dirigen hacia esquinas estratégicas o bien, deciden acercarse a las escuelas o salones de belleza. Allí estacionan ya sea su *Golf* o su *Nissan*, abren su cajuela y se ponen a trabajar. En cuanto ven acercarse a una señora, (de su mismo estilo, pero arreglada), con una sonrisa de lo más deportiva le dicen: "¿No le gustaría comprar unos pepinos dulces o agrios, *home made*? Como la clienta enseguida se da cuenta de que no es una vendedora *cualquiera*, le pregunta como si se estuviera dirigiendo a una de sus amigas de toda la vida: "¿En cuánto los estás vendiendo? *Okey*, dame dos frascos de los agrios, por favor", dicen con la misma naturalidad, como para no ofenderla, como diciéndole: "¡Ay tú, ni te preocupes por estar vendiendo en la calle, es que la situación está para llorar". Cuando la vendedora *chic*, recibe los dos billetes de 5 mil pesos, dice: "Mil gracias. Ya sabes, cuando quieras pepinos dulces, también tengo".

Pero estas señoras no nada más venden pepinos. Muchas de ellas se inclinan por la repostería fina y en sus cajuelas llevan pasteles de chocolate, *pays* de manzana y galletas de almendras. Las naturistas venden su propio yogur, pomos de miel y frascos con diferentes tipos de granola con nueces y pasas. Otras ofrecen mermeladas de frambuesa y de mandarina. Las que tienen casa en Valle de Bravo, se traen cajas y cajas de andivias.

Escuchemos lo que nos dice una de ellas, cuando se le preguntó por qué se decidió a emplearse a sí misma y vender frascos de verduras encurtidas: "Una amiga y yo nos animamos cuando nos dimos cuenta que ya no nos alcanzaba ni para ir al salón. Comenzamos a recibir llamadas por cheques rebotados. Es que la crisis a la que está golpeando más fuerte es a la clase media. ¡Te lo juro! Tenemos muchas amigas que han optado por hacer *garage sale* porque no les alcanza para pagar sus tarjetas de crédito. Primero empezamos a vender entre nuestras amigas. Después decidimos salir por aquí, por Polanco, y hemos vendido muchísimo. Te lo juro que ya no se puede con la inflación. Nosotras vamos a votar por Clouthier, porque es el único que dice la verdad".

La Jornada, 20/febrero/88

NOSOTROS LOS RICOS. . .

Furiosos están los ricos, muy ricos, porque dicen que ya no pueden con la inflación. "También a nosotros nos afecta bárbaramente. . .", se atreven a confesar, a pesar de ser todavía más afortunados por tener algunos de sus millones invertidos en la Bolsa y en CAP's; otros, en Estados Unidos y en Suiza; los demás, regados en Petrobonos y en numerosas cuentas bancarias que, naturalmente, también generan intereses. "Te juro que ya no me alcanza", me dijo el otro día una amiga inversionista. "Antes, en la carnicería pedía siempre kilo y medio de filete, ahora como están las cosas, pido cinco bisteces, sin aplanar para que parezcan filete. Ahora cuento, calculo, programo; hasta ahorrativa me estoy volviendo". Sí, también ellos se quejan todo el día porque ya no pueden comprar filete, ni mucho menos un kilo de salmón de 66 mil pesos, ni una lata de *Foie Gras Truffe* a 170 mil pesos. ¡Ah, con cuánto coraje pagan la botella de *Chablis* a 32 mil pesos y la de cognac *Courvoisier* a 36 mil. "Ahora sí este país está por los suelos", comentan echando chispas por los ojos. Pero, ¿qué otras cosas vociferan últimamente estas pobres víctimas? Pongamos a funcionar nuestras grabadoras secretas y escuchemos: "¡Ay oye, no hay derecho, carambas!, el kilo de cerezas en el mercado de Polanco está a 9 mil pesos. Para colmo de males, estoy a dieta y lo único que puedo comer es fruta. ¿Te das cuenta lo caro que me sale el sacrificio de no comer? Hoy en día, una simple alcachofa cuesta mil 200 pesos. El kilo de espárragos está prohibitivo: 5 mil pesos. Para nada creas que es del gordo, es el que es flaquito como ejote. El otro día, compré nada más 113 gramos de caviar negro, el que es chiquito como el punto de una *i*, para dar como aperitivo; ¿sabes cuánto me costó?: 13 mil pesos. No lo podía creer. Esa noche invité a cuatro parejas, es decir a ocho personas, y me gasté, no me lo vas a creer, ¡dos-cien-tos mil pesos! ¿Te imaginas? Por un kilito de pistaches pagué 11 mil 500 pesos, aparte de la lata de angulas, a 10 mil 500 pesos. El precio de las flores tampoco es creíble. Cada crisantema me costó 3 mil pesos. Multiplícalo por tres docenas. Agrégale los *drinks*, lo del mesero, la carne, el postre, las pastas y las mentitas cubiertas de chocolate. Nunca de los nuncas nosotros habíamos estado tan, pero tan gastados como ahora. ¿Qué nos va a pasar con esta inflación? ¿Hasta dónde nos va a llevar? Bueno, yo me pregunto, ¿cómo hacen los pobres, eh? ¿Sabes cuánto nos costó el *camp* en Nueva York de los niños? Cuatro mil dólares por cada uno, algo así como cuatro millones y medio por niño, por tan sólo seis semanas. Viajar en primera clase resulta hoy en día *im-po-si-ble*. Un viaje a París en *first class*, cuesta 3 mil 146 dólares. Y con el trabajo que me cuesta viajar en Turista. Los pies se me hinchan, me mareo, no me sabe la comida. Además ni te sirven champagne y te tratan como a cualquier cristiano. ¡Ay, oye! a mí sí me duele el codo pagar 101 mil 269 pesos nada más para ir a Zihuatanejo. Ni que fuera la Costa Azul. ¡Cómo añoro la época en que íbamos al hotel *Pierre* o al *Plaza Athenée*. Nosotros para nada estamos acostumbrados a lo *fake*. Se necesita tener alma chafa para soportarlas. Pero ni modo, en lugar del *Pierre*, ahora nos hospedamos en el *Hilton*. Te lo juro que anoche no pude dormir pensando en que ya no voy a poder cambiar mi *Corsar*, yo que me había hecho ilusiones de comprarme un *Century*. ¿Sabes cuánto cuesta desde hace tres días?: 35 millones de pesos. Júralo que en unos años todos los mexicanos vamos a acabar manejando un pinche *Volkswagen*, que ya cuestan ocho millones de pesos. Agrégale a esto la tenencia, el seguro, la gasolina, el aceite, las reparaciones, más el nuevo aumento de estacionamiento a 500 pesos la hora. No, esto ya no, es *too much*, es ¡*three much!*. ¿Cuánto crees que está ganando la cocinera? Más de cien mil pesos. ¿Sabes qué me dijo cuando me pidió aumento? "Ay, señora, ¿de qué se espanta?, si tan sólo son 100 dólares por mes? ¿Te das cuenta a qué nivel están de exigentes? ¿Por qué no entenderán los del gobierno que una de las soluciones para enfrentar este caos es la reprivatización de la banca estatizada? Al próximo presidente no le va a quedar de otra, ya verán. Es la única manera de recuperar un poquito de confianza y la credibilidad. Habría más inversiones extranjeras, y los bancos harían tanto dinero como han hecho las casas de Bolsa. Cada día me convenzo que son las manos del gobierno las que siempre echan a perder todo. En cambio, las sabias manos de los particulares, ésas sí saben hacer las cosas. Todo el mundo sabe que el sector privado es más hábil para los negocios; en cambio, el sector público es nulo, está negado. Eso lo sabe hasta un niño de primaria. . .", y dicen y vuelven a decir mientras comen en magníficos restaurantes.

¡Pobrecitos de los ricos! también ellos, *irremediablemente* se están empobreciendo. . . , ¿verdad?

La Jornada, 4/julio/87

ADIOS AL ¡HOLA!

Ayer por la noche, después de escuchar las noticias de Jacobo Zabludowsky, se sintió particularmente nerviosa. Mientras se desmaquillaba frente al espejo pensaba en la devaluación, y en la inminente inflación que se venía. " ¡Pobre país!", se dijo al meterse en la cama. Apagó la luz del buró, cerró los ojos e intentó dormir. Respiró tres veces para relajarse, pero no lo logró: Una ligera tensión le subía de la punta de los pies hasta la cabeza. "No es para tanto", pensó al voltearse del otro lado de la cama. En esos momentos una pregunta se le vino al espíritu: "Ahora con esta devaluación, ¿cuánto costará la revista *¡Hola!*, si la última vez pagué 7 mil pesos? ¿Irá a costar 10, 15, 20 mil pesos?". Esta posibilidad acabó por tensarla todavía más. " ¡Qué horror!, ya no podré comprarla", se dijo haciendo una mueca de fuchi. Desde hacía años era una fiel lectora de la revista *¡Hola!* "Es que cuando estoy en la depre es lo único que me aliviana", pensaba siempre que se dirigía al puesto de periódicos. Ultimamente la leía con más interés que de costumbre, pues los rumores de un probable divorcio entre *lady* Diana y el príncipe Carlos la intrigaban mucho. "Y ahora ¿cómo sabré qué está pasando entre ellos?, ya no podré seguir al pie de la letra todo lo que les sucede. ¡Híjole!, eso sí que es mala onda", se dijo en tanto que se volteaba nuevamente del otro lado.

A lo largo de las últimas semanas se había enterado que la prii.-
cesa Diana seguía dando esos sospechosos arrancones con su
Jaguar azul, siempre que salía de una ceremonia oficial, y que deja-
ban ver su estado de ánimo. Que no había asistido a la boda de
lady Amanda Knatchbull, donde se reunió toda la familia real, que
porque justo ese día había comido con su padre, y por la tarde
había terminado de hacer las petacas para su próximo viaje a Ale-
mania. Cómo se preocupó cuando supo que si se divorciaban los
príncipes de Gales, *lady* Diana perdería todo: su título, vestidos,
pieles, diademas de brillantes de la familia Spencer, aretes y collares de perlas, aparte de las joyas que le regaló el Sultán de Omán,
y por si fuera poco la tutela de sus dos hijos, Guillermo y Enrique.
Su pensión dependería de su discreción absoluta acerca de su vida
con Carlos. En ¡*Hola!* leyó que la prensa inglesa decía que si se
efectuaba este divorcio la estabilidad de su país estaría en riesgo
y que en la Cámara de los Comunes no se hablaba de otra cosa. Incluso que se llegaron a preguntar si el príncipe Carlos estaba apto
para reinar. "Tanta popularidad ahora estaba acabando con ellos",
se enteró en uno de los números pasados. "En realidad, Diana sue-
ña con la vida de Stéphanie de Mónaco, o bien cree que está
actuando en uno de los capítulos de "Dallas". Ahora resulta que se
está aburriendo con Carlos, y en la lógica de una heroína de "Dallas", la única solución que ve es el divorcio". Hace dos semanas,
cuando leyó en la portada aquello de: "Volvió la sonrisa a los prín-
ciples de Gales", no le importó pagar los siete mil pesos aunque
nada más se quedara con tres, como único capital, porque quería
saber si por fin se habían reconciliado. Pero se equivocó, porque
conforme avanzaba en la lectura se dio cuenta que los rumores
persistían, que lo de la "sonrisa" era nada más una forma protoco-
laria, ya que se había visto a Diana con sus dos hijos en el *Kentucky
Fried Chicken* del barrio de Knigtbridge, comiendo hamburguesas.
Y que en la tarde se había metido en un cine a ver "Blanca Nieves
y los siete enanitos", mientras que su marido estaba contemplando
"Las Bodas de Fígaro", en el Convent Garden.
    "¿Qué pasará entre ellos?", se volvió a preguntar. "Ahora por
culpa de esta pinche inflación tendré que decir adiós al ¡*Hola!*",
pensó, sintiéndose más deprimida que nunca.

La Jornada, 21/noviembre/87

LUCHA EN LAS LOMAS

Vestida con uniforme de cuadritos rosa y blanco, pequeño mandil riveteado con encaje de tira bordada, sandalias de plástico *Windy's* y peinada a la Verónica Castro, esta ejemplar servidora doméstica dice a su patrona: "Señora le quiero decir que si no me sube la próxima quincena, hay otra casa donde me ofrecen más sueldo". Al oír esto la dueña de casa siente como se le desencaja la quijada, se le nublan los ojos y la presión se le baja hasta el suelo. "Pero si te acabo de subir hace apenas un mes", agrega como pidiendo misericordia. "Y ¿usted cree que con mil pesos de más me va a alcanzar para algo? Es que con esto de la imflación (*sic*), pues ya no alcanza para nada. Fíjese, nada más de útiles de mi hija tuve que pagar 8 mil y 12 mil pesos de uniformes. Por eso, si no puede subirme, mejor busque a otra, porque yo necesito ganar más", explica mientras mira atentamente las uñas pintadas de morado de sus manos morenas. La señora no puede dejar de sentirse chantajeada, presionada y dependiente de estas "horribles *maids*", como las llama ella, "criadas encajosas, que no hacen más que pedir, mal encaradas, pero sobre todo, mal agradecidas; ¿cuándo se iban a imaginar estas indias que podían vivir como gente y no como animales como tenían costumbre de vivir en sus pueblos?; muchachas irresponsables, flojas buenas para nada, les da uno la mano y se cogen el pie, ¿qué más pueden pedir, con televisión en su cuarto, tres comidas garantizadas, agua caliente, uniformes, y encima de todo esto quieren ganar como si fueran secretarias ejecutivas, cuando ni saben contestar el teléfono?". Todo esto piensa la señora mientras con un tono de voz muy educado le dice: "Pero si ya estás ganando 40 mil pesos. Yo estoy muy contenta contigo, aunque tengas por allí tus defectitos. Los niños te quieren mucho. Además, no te puedo estar subiendo cada mes". La sirvienta la mira fijamente, de pronto se acuerda que la odia, que la detesta, que no la puede ver ni en pintura: "vieja hipócrita, si yo tengo 'defectitos', usted nació toda defectuosa, por eso el licenciado ya ni viene a cenar y llega bien tarde. ¿Cómo dice que está contenta conmigo si cada día me trata pior: no se te vaya a ocurrir comer del filete, allí tienes tus huacales y frijoles, acuérdate que el queso es para el licenciado y la fruta para los niños; ¿tú te acabaste el pan dulce?, no dejes tanto tiempo prendida la televisión, no me gusta que te hablen por teléfono, súbeme mi bolsa, traeme mis cigarros, plánchame mi blusa de seda, con cuidadito, acércame el teléfono, hazme un juguito, veme a comprar el último número del *¡Hola!*, no se dice *trajistes*, no digas groserías delante de los niños, traeme mi *Sucaril*, todo el día me trai como su burro, vieja coda". De todo esto se acuerda mientras le dice: "Ay señora, si mi compañera de Virreyes, esta ganando 60 mil pesos y también es recamarera. Ella no riega el jardín, ni limpia la plata. De verdá (*sic*), que ahora el dinero no alcanza para nada. Dice Jacobo, que van a volver a subir la leche, el pan y la tortilla. Los camiones cada día están más caros. La ropa está por las nubes. Fíjese, una falda y un *bleser* (*sic*) que me compré en abonos, me salió en 23 mil pesos". Al oír esto último, la patrona tiene ganas de soltar la carcajada; "pero, ¿qué se cree?, ahora resulta que las *"maids"* usan *blazer*, ¡qué horror!: de rebozo al *blazer* (piensa sin olvidar de pronunciarlo muy a la inglesa), de guaraches a los mocasines, de portamonedas a bolsa de charol; claro, por eso no les alcanza, por eso se endrogan con el abonero, con la que vende *Avon*, ¡pobrecitas!, se quieren vestir como uno, definitivamente ya no hay clases; por eso ahora exigen guantes de plástico, aspiradora, planchadora, secadora y pronto se les olvida cómo llegan a las casas, echas una mugre, de dar lástima, ¡pobrecitas! y ahora me sale con que no le alcanza para comprarse un *blazer*". Recurriendo a toda su buena educación y paciencia, trata de explicarle con voz suave: "Mira, deberías de ahorrar y no gastar tanto. Además, yo te he dado muchísima ropa que ya no me sirve: ropa americana, magnífica. No te puedes quejar, aparte de tu día de salida, te doy una tarde libre a la semana. ¿Ya se te olvidó el viaje tan bonito que hicimos a Disneylandia? ¿Sabes cuánto te costaría ahora?

Mientras la oía, la sirvienta sentía dos planchas hirviendo sobre cada mejilla. Todo su coraje le removía entre sus manos sudadas dentro de las bolsas del delantal. Jamás las había sentido tan rijo-

sas. "Bueno señora, me sube o me voy" dice torciendo un poquito
la boca de lado. En esos momentos, la de la señora, siente también
que se le tuerce pero dentro del estómago. "¿Cuánto quieres ganar
ahora?", le pregunta sin mirarla. "Necesito ganar 50 mil pesos para
darle una mejor educación a mi hija", contesta contundentemente.
Eran nada más 10 mil pesos más, pero entonces también habría
que subirle a la cocinera, al jardinero, al chofer. Su presupuesto no
alcanzaba para tanto. "¿Qué le contesto a esta pelada", se preguntaba una. En tanto que la otra pensaba: "Vieja coda, ¿a ver quién
la aguanta?". El silencio se hacía cada vez más difícil, más pesado
y más insoportable.

La Jornada, 6/abril/87

UPSTAIRS

No hay nada más contrastante dentro de un típico hogar mexicano,
que el cuarto de una patrona, y el de la sirvienta, criada, trabajado-
ra del hogar, o simplemente *maid,* como las llaman las que se sienten muy *ladies.* No importa la colonia, nivel social o económico, por
lo general, la diferencia entre estas dos recámaras, es apabullante.
Sin embargo, entre más espléndida y lujosa resulte la casa, el contraste es mayor. Imaginémonos que nos encontramos en el interior
del cuarto de la *maid* de una super mansión de cualquiera de nuestras características zonas residenciales o sea: Lomas, Polanco, San
Angel o Pedregal.

Después de haber subido una escalera de caracol llena de vueltas
abrimos la puerta del cuarto de servicio. De pronto, nos envuelve un
olor a fruta madura, crema teatrical (la rosa), y ropa recién planchada. El cuarto no mide más de tres por tres y está pintado de
azul claro. El techo tiene humedad y las paredes, están un poco es-
carapeladas. Hay dos camas de fierro individuales de esas que se
pliegan fácilmente. Una está tendida y no tiene colcha. En la cabecera vemos un cojín. En el centro lleva un corazón bordado y dos
palomas sosteniendo un listón donde se lee: "Tuyo es mi corazón".
La otra, está sin hacer nada más tiene una sábana y cobijas, se ven
viejas. Entre las dos camas, hay una mesita repleta de cosas: un radio portátil con casetera, pinturas de uñas usadas, dos tubos de
plástico, pasadores, cepillos con cabellos muy negros, enredados, la
mitad de una naranja pelada, un desodorante *Mum,* una botellita

de crema *Nivea*, una loción *Avon*, un florerito con tres flores de plástico, y un portamonedas. El piso está cubierto de linoleum. En medio entre las dos camas, aparece un retacito de alfombra de la que le sobró de la sala, y un ejemplar de la revista *FotoNovelas* con Lucía Méndez en la portada. Sobre los muros aparecen un poster del Papa, un calendario de la Virgen de Guadalupe, otro de Luis Miguel y dos fotografías pegadas con *Scotch*, son los dos niños de la casa. A un lado está un armario que parece que de un momento a otro se va a caer. Una de las puertas está abierta y en el interior vemos: tres uniformes de cuadritos rosa y blanco, una falda escocesa sumamente vieja (regalo de la patrona), 4 blusas de poliester y 6 vestidos con estampados de lunares y florecitas. En el piso del mueble se ven varios pares de zapatos, sumamente usados (obsequio de la patrona), sandalias de plástico y un par casi nuevo de tacón alto en charol. A un lado, está un armario muy bajito sobre el cual aparece la televisión K2 (propiedad de la cocinera), la cubre ligeramente una carpetita blanca bordada en gancho. A un lado del televisor, hay muchos pomos con restos de cremas de *Orlane, Lancome* y *Clinique*. Por los tres cajones de este mueble, a medio cerrar, se descubren suéteres, ropa interior en colores pastel, delantales sin planchar, medias, calcetas, playeras que dicen *I Love N.Y.*, y muchos fondos de *nylon*. En el suelo contra el muro, hay una hilera de cascos de *Coca Cola*, una charola en donde aparecen un plato hondo y restos de tortillas duras.

Cerca de la puerta del closet, que nada más se utiliza para colgar ropa recién planchada del señor, la señora y los niños, está el burro; la plancha es americana marca *Phillips* de vapor. Sobre el burro, vemos tres camisas azules recién planchaditas. A un lado está el canasto de la ropa limpia, en desorden. La patrona no sabe que están sus blusas de algodón revueltas con su falda blanca de lino, el vestido de *smock* comprado en España para una de las niñas, los uniformes del colegio, tres trapos de cocina, un tortillero, el pantalón de gabardina del señor, un suéter de *cachemire* (de tintorería) del patrón y muchos pares de calcetines de los niños.

A un lado del cuarto de servicio está el baño. Es muy pequeño y no tiene azulejos. Está pintado de amarillo canario y tiene mucha humedad. Detrás de una cortina de plástico percudida y a medio caer, aparece una pequeñísima regadera. De todos sus diminutos orificios, nada más a través de seis salen chisguetes de agua tibia, porque está descompuesto el *boiler* de las muchachas. Alrededor de una de las dos llaves, vemos un calcetín enredado para evitar que gotee. En la jabonera está un pedacito de jabón *Darling* y medio estropajo muy usado. El lavabo, está eternamente tapado, así como la taza del baño, que no tiene tapadera. No hay papel sanitario. Recargado sobre el muro aparece un pedazo de espejo roto, un poco de crema *Teatrical,* una botella de shampoo *Vannart* de huevo, tres cepillos y una pasta de dientes *Colgate* totalmente enrollada y sin tapón.

A pesar de eso las patronas dicen cosas como: "¡Ay, oye, cómo viven en sus casas, aquí están como reinitas!"

"A veces son tan incivilizadas, uno trata de hacerlas personas, pero no entienden. Todo lo rompen, lo echan a perder. Cuando se les cae algo dicen: 'se me chispó'. Por eso tienen su cuarto así, son unas puercas. Si siempre está tapado su baño, es que lo llenan de papel. Que lo destapen ellas. Ni de chiste voy a pagarles un plomero. Me niego rotundamente a entrar a su cuarto. Nada más me deprimo y hago corajes. De seguro está como una pocilga. ¡Qué horror!"

La Jornada, 21/mayo/88

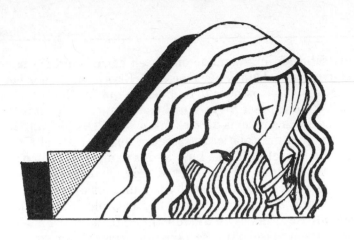

UNA ESQUINA MUY MEXICANA

" ¡Noooo!", dicen muchos moviendo enérgicamente el pulgar antes de que se ponga el alto. Otros, cuando los ven de pronto aparecer, les gritan desde sus volantes: " ¡Bestias, animales, mugrosos!"; Algunos se limitan a mover la cabeza de un lado a otro, mientras observan frustrados cómo es lanzado el chorro de agua contra el parabrisa de su coche. "¿Qué, es a huevo, cabrón?", inquieren los conductores agresivos. Los más histéricos, incluso, se bajan de su automóvil y les gritan: " ¡Te dije que no, estúpido!". También hay los indiferentes, que con toda tranquilidad ponen a funcionar sus limpiadores y esperan a que se ponga el siga. Los que son compulsivos y ya no aguantan el tráfico, de plano les avientan el carro y avanzan aunque sea un milímetro, para evitarlos. Sin embargo, dentro de esta categoría de conductores también existen los generosos, los conscientes de la crisis que vive el país, los que quieren lucir un coche limpio, y poder así tener una visión clara frente a ellos, aquéllos que sí saben compadecerse de sus compatriotas y que sin escrúpulos están dispuestos a darles a estos limpiadores desde uno hasta 500 pesos.

En la esquina de Reforma y Sevilla es donde se concentra el mayor número de limpia parabrisas. Allí, a partir de las diez de la mañana, van llegando listos para trabajar con sus bolsitas de tela donde guardan su botella de plástico y su *cuña*: el Chicote, el Very, el Hueso, el Búho, el Querreque, el Ruso, Drupi, el Negro, el Pichirilo, el Orejón, el Zorrillo, el Machupichu, el Clash, el Mouse, el Teca, y el Miraviones. Diez y seis chavos en total, que tienen entre doce y diez y siete años, caminan entre los coches y dicen: "¿Una repasadita, joven?". Todos están de acuerdo en que los conductores últimamente andan cada vez de "peor humor".

"Nosotros sabemos que aunque anden en carro, también la crisis les afecta, pero hay algunos que exageran. El otro día, unos *juniors* nos agarraron a tubazos porque no querían que les limpiáramos su parabrisas". Pero a pesar de este mal trato, muchos de ellos terminan el día con una ganancia de diez mil pesos. "Drupi", uno de los más expertos y el más platicador asegura que en cada alto de casi un minuto de duración llega a limpiar dos parabrisas. "Un día limpié parabrisas de más de mil coches. Pero a veces no se puede hacer más, por el calor. Luego le lloran a uno los ojos por el smog. Hay días en que no sacamos nada. Por ejemplo, cuando pasa el presidente por Reforma es un día muy malo para nosotros. Por eso preferimos que no pase, o que se vaya por otras calles para que nos deje trabajar. También cuando hay manifestaciones nos va rete mal. Entonces mejor nos vamos a Zaragoza a reponernos. Allí nos ponemos de acuerdo con los 'polis' y les damos una feria para que dejen el alto durar más de dos minutos. Entonces sí lavamos hasta 4 coches. Pero nos gusta más esta esquina. Es que por aquí pasan muchachas re guapas. Luego les chiflamos. También pasan artistas. Un día pasó María Victoria y se portó re amable. No hace mucho le limpié el coche a Daniela Romo. Ella sí estuvo re grosera, como anda con guaruras pues ya se cree muy acá. Yo ya he agarrado un estilacho para limpiar. Con mi *cuña* le hago como de zigzag. Cada quien tiene su estilo. El "Very", se pinta de payaso que dizque para sacar más feria. Pero el mejor de todos es el "Chicote". Ese, se sube sobre el cofre y limpia el parabrisas completito. Ultimamente, habemos más 'limpia parabrisas' en las esquinas. En la de Mississipi hay como diez. Nosotros aquí en ésta estamos rete unidos, es que no queremos que se nos agreguen otros chavos. Cuando los vemos llegar, los corremos. Defendemos nuestro lugar. Pero yo ya me voy a retirar, porque ya estoy grande para esto. Quiero hacerme de un billete y poner un puesto de lo que sea, de zapatero u otra cosa", explica "Drupi", de diez y siete años y con el pelo completamente oxigenado, "es que salí en una película de *punk*", dice orgulloso.

Mientras platicamos todos adentro de mi Volkswagen, el tráfico sobre Reforma se va intensificando. A lo lejos en la misma esquina se ven otros muchachos vendiendo chicles, pequeños helicópteros, gomas para las puertas y chocolates. Ellos también quisieran venir a contarnos sus experiencias, pero les sugiero que sea otro día, porque ya no hay lugar dentro del coche.

De regreso a mi casa, subiendo por Reforma, me limpiaron el parabrisa, cuatro veces en diferentes esquinas. Sin embargo, nunca me pareció mi visión más oscura. . .

La Jornada, 11/Julio/87

PAYASOS MEXICANOS

De un tiempo para acá México se ha convertido en un país de payasos. Por todos lados se topa uno con ellos: en la televisión, retratados en periódicos, en los restaurantes; pero sobre todo en la calle, en las esquinas donde confluyen las avenidas más importantes de la ciudad. A veces se llegan a juntar hasta ocho en una misma esquina. Hay de todas las edades, unos más profesionales que otros, pero por lo general todos son buenos juglares.

Ayer, justamente, me entrevisté con el payaso más joven de México y su familia. Nombre: Amador Gabino Aceves. Lugar de nacimiento: Chilacachapan, Guerrero. Fecha de nacimiento: 12 de enero de 1985. Edad: 3 años. Profesión: payaso, desde hace dos meses. Estatura: 70 cms. Peso: 17 kilos. Señas particulares: orejas ligeramente separadas. Ojos: enormes, pestañudos que miran como un hombre mira. Esquina: Paseo de la Reforma y Florencia. Horario: de las 9:00 am., a las 5:00 pm.

"A mí me gusta ser payasito porque me gusta jugar. Y con los centavos que gano se los doy a mi papá para que compre *Ovaciones*. Mi papá vende periódicos allá, en la otra esquina. Mi mamá me pinta la cara con pinturas *Vichi* (sic). Mi hermanito se llama Sergio y también es payasito, y sabe muy bien hacerlo con las naranjas. Yo me subo en su espalda y le hago con las naranjas así". Como por arte de magia, Amador se convierte en un extraordinario malabarista. Rápido, rápido lanza y atrapa las dos naranjas. Una se le cae, pero en un segundo la levanta y continúa. Su cara está pintada de negro y azul turquesa. La nariz es de color de rosa muy claro, sobre ella aparecen unas gotitas de sudor. Debajo de los ojos tiene pintados tres puntitos azules y mastica chicle con una gran maestría. "A veces los coches apachurran las naranjas, pero mi mamá que vende chicles, trae en su bolsa. Yo me compré mis chapatos (sic) tenis que costaron 5 mil pesos. Yo sí me quiero ir allá al pueblo, a Chila, porque mi abuelita me da atole. Aquí en esta cajita de cerillos meto los centavos que gano".

Nombre: Sergio Gabino Aceves. Lugar de nacimiento: Chilacachapan, Guerrero. Fecha de nacimiento: 12 de mayo de 1981. Edad: 7 años. Profesión: payaso. Esquina: Reforma y Florencia. Señas particulares: tiene cara de hombre que ha sido payaso desde hace mucho tiempo.

"Yo no tengo miedo a los coches. Pero luego no dejan trabajar, porque los de la Delegación Cuauhtémoc nos agarran. El dinero se lo doy a mi papá para pagar útiles. Si le echamos ganas, entre mi hermanito y yo sacamos hasta 15 mil pesos. En la noche no nos dejan venir mis papás. Yo me pinto solito la cara, me gusta. Yo no me canso nunca. Las pelotas no me gustan porque botan y luego se pierden, es mejor hacerle con la naranja. Nunca me duele la espalda porque este Amador no pesa nadita. Yo creo que si yo me subo sobre él, lo quiebro", dice mientras se faja los pantalones como se los fajan los hombres en México. . .

Nombre: Margarita Aceves de Gabino. Lugar de nacimiento: Chilacachapan, Guerrero. Edad: 28 años. Profesión: Vendedora de chicles *Clark's.* Esquina: Reforma y Florencia. Señas particulares: su apariencia física es de una mujer de 40 años.

"Yo sí estoy orgullosa de mis hijos porque ya me están ayudando. ¿De dónde vamos agarrar los centavos? Hace tres años nos venimos del pueblo; es que allá no hay agua como aquí. Aquí está cara, pero hay. Mis hijos y yo nos vamos a la casa a las 5 de la tarde y me pongo a hacer la comida y a lavar. Yo saco como 4 mil pesos. Lo que más extraño de mi pueblo es el aire puro. Yo prefiero irme allá a sembrar maíz con mi mamá. Mi marido de chiquito no era payaso, ayudaba a su papá a tejer petates".

Nombre: Antonio Gabino del Pilar. Lugar de nacimiento: Chilacachapan, Guerrero. Edad: 32 años. Profesión: Vendedor de chicles por la mañana y vendedor de periódicos, *(Extra, Ovaciones, Gráfico),* por las tardes. Esquina: Florencia y Reforma. Señas particulares: se diría que aún conserva sus dientes de leche, ya que al sonreír, se le ven sumamente pequeños y frágiles.

"¡Ni modo que los ponga yo a robar!, por eso prefiero que desde chiquitos trabajen y no roben. ¿De dónde vamos a agarrar pa' comer? Vivimos allá por Los Reyes. Nomás de renta pago 30 mil pesos, más la luz y los pasajes. Ya los vamos a meter a la escuela Zapata pa' que estudien. Yo no sé leer, pero he visto ese periódico que se llama *La Jornada* y me gusta".

La Jornada, 27/enero/88

LA CULPA DE LAS GORDITAS

Mañana sin falta comienzo una dieta ri-gu-ro-sí-si-ma", dicen con mucha culpa aquellas gorditas que constantemente se sienten traicionadas por un apetito incontrolable. Pero ese "mañana" nunca llega porque al otro día se desayunan dos huevos rancheros con tres tortillas de harina, pan, mermelada y mantequilla y una taza de café sin azúcar porque, naturalmente, no quieren engordar... Al terminar, sintiéndose muy satisfechas, se limpian con una servilleta las comisuras de los labios, y mentalmente juran por todos los santos que en la comida sólo comerán carne asada y una ensalada sin vinagreta. Sin embargo, desde el mediodía empiezan a sentir que la boca del estómago le dice: "hambre, tengo hambre". Por más que hagan caso omiso a sus súplicas, la tentación se les empieza a instalar en cada uno de sus poros. "Siento que si ahorita no como lo que sea, me desmayo", piensan en esos momentos las más dramáticas. "Necesito azúcar", dicen las que están convencidas, para justificarse, de que les faltan glóbulos rojos. "Si no como algo tengo la impresión de que la sangre no me llega al cerebro", aseguran otras, mientras entornan sus ojos totalmente hambrientos. Para aliviarse del insoportable apetito, las más disciplinadas mastican chicle sin azúcar. Prefieren llenarse el estómago de aire que de comida. Las menos, compran en donde pueden y comen a escondidas, un *Almonris* (porque no tiene tanto chocolate como la *Exótica*) y lo ingieren rapidísimamente, como si por la velocidad no tuviera tiempo el organismo de aprovechar tanta caloría. Las más débiles de carácter deciden entrar a una tortería, o piden por teléfono una torta de queso de puerco, pero sin frijoles ni aguacate, para no engordar...

81

Sí, sufren mucho estas gorditas: cuanto más comen más culpables se sienten. Esto lo pudimos comprobar hace unas semanas, durante una sesión de terapia de grupo que se realizó en una clínica de *Weigth Watchers*. Allí escuchamos cuatro casos típicos.

Tudis y sus compulsiones

"Desde que cumplí cuarenta años empecé a comer como una enajenada. Mientras más me preguntaba qué había hecho en todos estos años, más hambre sentía. Naturalmente, mi cuerpo comenzó a cambiar. Poco a poco se me pusieron caderas de mujer gorda. Cuando me veía en el espejo me odiaba, me detestaba. Hasta comencé a tener pesadillas. Me veía en la cocina de mi casa con un *negligé* negro bastante atrevido. De pronto, empezaba a abrir y a cerrar todas las gavetas de la alacena. '¿Dónde está, dónde está?' gritaba como loca. En esos momentos salía la muchacha con un camisión de cuadritos, igualito a su uniforme, y me entregaba el cuchillo eléctrico. Lo conectaba y muy suavemente rebanaba mis muslos, para cortarme todo lo que me sobraba. Varias veces desperté a mi marido con mis gritos.

"Naturalmente, me puse a dieta, pero no funcionó. Delante de toda la familia la seguía al pie de la letra, pero cuando me encontraba a solas corría hacia el pomo grande de cajeta envinada y me la terminaba a cucharadas. Después decidí salir a correr en las mañas. Pero lo que nadie sabía es que me iba a un estanquillo y allí me comía cuatro bolsas de papas fritas, tres refrescos y dos paquetitos de cacahuates japoneses. Yo creo que como así, porque desde que me casé, a los 16 años, mi marido no ha dejado de llamarme 'gordita'. Yo sé que lo hace de cariño, pero me molesta porque tengo un nombre, pero dice que es horrible y que le recuerda a una tía solterona que siempre detestó. Sinceramente, yo no creo que Gertrudis sea un nombre tan feo. Muchas veces le he propuesto que me diga *Tudis*, pero insiste en que es cursilísimo. También en una época me llamaba *vieja*. Entonces sentía que me iba arrugando por semanas. No quiero imaginarme lo que me pasaría si llegara a llamarme: *vieja gorda*. ¿Quizá la solución es un divorcio para que deje de comer?", preguntó *Tudis* muy seria a sus demás compañeras.

Kilos por la inflación

"Yo como desde que empezó la crisis. Creo que fue el día en el que se nacionalizó la Banca cuando comencé a sentir un apetito horrible. Me acuerdo que esa noche fuimos a comer tacos al pastor, y yo me comí 16. He hecho de todo para adelgazar. Durante mucho tiempo fue gimnasia. Me envolvía metros y metros de plástico alrededor de mi cuerpo. Sudaba como desesperada, pero después tomaba un vaso de agua y recuperaba todo el líquido que había perdido. Recurrí a los masajes, pero como siempre eran a la hora del almuerzo de Tere, la masajista, siempre acababa comiendo con ella. Después decidí empezar con tratamientos de píldoras. Me ponía nerviosísima. Un año estuve tomando *Bionorm*, pero me gustó tanto, en especial el de sabor a chocolate, que tomaba un vaso de malteada cada media hora.

"Lo peor de todo, es que cuanto más se agudiza la crisis, más apetito tengo. Me he fijado que cada vez que suben los precios yo subo de peso considerablemente. Por ejemplo, a principios de 1986, pesaba 55 kilos, y ahora peso 110 kilos, porque el año pasado hubo una inflación de más del ciento por ciento. Desgraciadamente, este fenómeno en mi organismo no se produce con los efectos de la devaluación porque en ese caso estaría delgadísima. Por las noches no duermo de pensar en la inflación.

"En mi casa nunca se habla de la crisis. Mis hijos tienen instrucciones de su papá de comentarme exclusivamente cosas agradables. Por ejemplo que si el panda ya tuvo otro pandita, que si hay una campaña de vacunación contra la polio, que ya entregaron más casas a los damnificados, que si Emmanuel en su espectáculo llenó el Zócalo y cosas así. Lo malo es cuando salgo a la calle, entonces sí siento la crisis por donde quiera, y es allí donde me ataca más el apetito.

"Estamos pensando muy seriamente irnos a vivir a Suiza. Allá no hay crisis. Claro, la vida es carísima, y como nuestra moneda no vale nada, pues a lo mejor nos morimos de hambre. Podría ser también una solución para bajar de peso, ¿no creen?", acabó preguntando esta segunda víctima.

El falso complejo

"De todo el grupo, como se puede ver, soy la más delgada. Mi problema es que me siento gorda a pesar de mis 53 kilos con 1.69 metros de altura. Mi apetito es normal. Lo que sucede, es que cada vez que como lo que sea tengo la impresión de engordar muchísimo. Mi obsesión radica en pensar que mi alma es obesa. En mi inconsciente creo que peso 150 kilos. Lo importante no es verse delgada sino *sentirse* esbelta. Toda la ropa la compro cinco tallas mayor que la mía. El año pasado no me veía tan mal porque la moda era muy holgada, pero ahora que ya no se usa tan amplia parezco loca.

"Lo curioso es que todo el mundo me trata como gorda. Cuando voy a reuniones sociales me señalan el sillón más amplio; al bajarme de un coche mis amigos me ayudan, como si a causa del sobrepeso no pudiera hacerlo sola; si voy a comer a casa de mis amigas me ofrecen ensaladas, *Diet Coke* y me dicen, 'ya le puse sacarina a tu café'. He llegado a la conclusión de que como te sientes te tratan. La semana pasada fui a comprarme otra faja. Bueno, pues la empleada me dijo que la que me convenía era una de varillas. Yo no lo podía creer; sin embargo, me la probé y me quedó ¡justita! En este momento la traigo puesta y ya siento que me aprieta.

"Yo sé que mi caso es muy difícil de entender. Además de estar sumamente acomplejada, tengo un enorme sentimiento de culpa, pensando en toda la gente que no tiene qué comer y que se moriría por un pan. Yo, en cambio, lo rechazo para no engordar, cuando en realidad estoy baja de peso para mi estatura.

"Yo creo que mi problema empezó aquel día en el que mi marido y yo estábamos viendo una revista francesa de moda. Y le dije al ver a una bellísima modelo: "¿no te da la impresión de que se parece a mí?' '¿A tí?', me preguntó lleno de sopresa. ' ¡Brincos dieras!, tú estás gordísima junto a ella'. Desde entonces me siento obesa", comentó entre sollozos esta falsa gorda.

Todas la abrazamos para consolarla. Al rodearla con mis brazos, efectivamente sentí la dureza de la faja con varillas. "Quítate la faja y te sentirás mejor", le propuse. Me miró con sus ojos llenos de lágrimas y me dijo: "si me la quito tendría la impresión de no caber en esta sala tan enorme. Gracias, pero prefiero conservarla".

Desayunos de lágrimas

El cuarto y último caso es un fenómeno típico de nuestra época: resultado de la moda de desayunar fuera de su casa.

"Yo empecé a engordar con los desayunos a los que solía ir con mis amigas. Dos veces por semana nos reuníamos en alguna cafetería de Polanco. Nos dábamos cita a las 9:30 horas, después de mi clase de gimnasia. Siempre íbamos seis amigas, compañeras de colegio. Durante el desayuno platicábamos de miles de cosas, pero sobre todo de nuestros problemas personales, sin olvidar los de nuestros maridos y los de nuestras mamás.

"En esas reuniones me fui dando cuenta de que todos traíamos muchas broncas. Eso de 'caras vemos y corazones no sabemos', es ciertísimo. Bueno, pues comencé a enterarme de tantos y tantos problemas, que para tranquilizarme comía mientras los escuchaba. Como los desayunos duraban a veces hasta las dos de la tarde, me daba tiempo de desayunar, de almorzar y, a veces, hasta de comer en el mismo lugar. Cuanto más dramático era lo que platicaban, más platillos condimentados pedía. Opté por no hablar y limitarme a comer. Mis amigas estaban encantadas conmigo, porque sentían en mí un enorme apoyo. De esta forma seguimos muy de cerca tres divorcios, dos separaciones y veintitantas muertes.

"Poco a poco me fui volviendo entre masoquista y sádica. Me gustaba que me contaran problemas para sufrir.

"Al cabo de un tiempo, fuimos invitando a primas y a otras amigas. Formamos un club, cuyo lema era: 'mientras desayunas, saca tus problemas'. Además de todo lo que consumía comencé a gastar como loca. Me acuerdo que un mes pagué 200 mil pesos de puras notas de desayuno. Lo peor de todo, es que si mientras como nadie me cuenta sus problemas, la comida no me sabe. Después me dio por comer y cenar mientras veía televisión; disfruto mucho con los noticiarios, pero no tanto como con las telenovelas, en especial con *Cuna de lobos*.

"Después de mucho analizar mi problema con el siquiatra, descubrimos que es un trauma que padezco desde chiquita. Cuando mi mamá comenzó a tener muchos problemas con mis hermanas mayores y con mi papá, una manera de consolarse era comiendo".

Karma,/abril/87

LA CULPA DE LAS MUJERES DESPILFARRADORAS

Yo gasto, tú gastas, ella gasta, nosotros gastamos, vosotros gastáis, ellas gastan. El verbo gastar es, sin duda, el más conjugado de todos, dentro de un sector de mujeres que trabajan sin necesitarlo, o bien que en sus chequeras personales aparece, además de una cuantiosa suma, el *milagroso* "Y/O" entre el nombre de su marido y del suyo propio.

¿Por qué y en qué gasta usted?, fue la pregunta que se le formuló a cuatro mujeres entre 30 y 45 años de edad, pertenecientes a la clase privilegiada. Dos de ellas trabajan, y las otras dos son amas de casa las cuales sin embargo, parecen estar más ocupadas que si laboraran ocho horas en una oficina por estar continuamente comprando.

Por razones obvias, cambiaremos sus verdaderos nombres; de lo contrario, corren el riesgo de ser identificadas, ya sea por sus proveedores o por sus maridos; estos últimos se quejan constantemente de que sus cónyuges sean imperdonables consumistas.

María, de 36 años, es casada, tiene dos hijos y trabaja de medio tiempo en relaciones públicas de un banco. Percibe un salario de 300 mil pesos después de descontados los impuestos. Su marido es director de ventas de una empresa textil.

"Dicen que soy muy gastadora. Ha de ser verdad, porque siempre estoy desfalcada. Lo que pasa es que todo está carísimo y no hay presupuesto que aguante esta inflación. En lo que más gasto es en ropa y en consentir a mis hijos. Antes me vestía en Houston, pero ahora con lo de la devaluación, hace cerca de un año y medio que no vamos a Estados Unidos. Yo no tenía costumbre de comprar cosas *made in México* y, sinceramente, me costó mucho trabajo adaptarme a esta horrible realidad. . . Al principio, cuando iba a los almacenes, todo lo veía 'chafa' pero lo que más me horrorizaba era que alguien más pudiera traer la misma ropa que yo. Poco a poco fui encontrando buenas marcas. Fue tal mi júbilo, que casi a diario, me compraba algo diferente. Entonces, decidí abrir una cuenta de crédito en un almacén, para que estos gastos no redujeran más mi ya afectado presupuesto. Pero con la tarjeta de crédito en la mano era como tener un cheque en blanco. Cada mes, mis cuentas llegaban elevadísimas y naturalmente a veces no me alcanzaba el dinero para pagarlas. Empecé a pedir vales en la oficina, para reembolsar otras deudas; las del salón, las de una señora que vende unos vestidos preciosos de fayuca y demás. . . ¡Es espantoso tener tantas deudas! Sin embargo, pienso que ya me acostumbré a comprar como una loca y a pagar después. Lo peor de todo, es que así estoy educando a mis hijos. Todas las tardes me piden algo de la papelería, además de helados, dulces y chicles. Tengo la impresión de que ellos tampoco pueden vivir sin gastar.

"Durante la última semana del mes me comienzan a rebotar cheques de la carnicería, del gas o del super. Mi marido dice que si me da 300 mil pesos al mes me gasto 400, que si me diera 500, me gastaría 600 y así hasta el infinito. ¿Qué por qué creo que gasto tanto en ropa? Muchas veces me lo he preguntado. Yo creo que porque fui la última de una familia de cinco mujeres. Como mi papá no ganaba mucho dinero, yo heredaba toda la ropa de mis cuatro hermanas. Entonces, siempre me sentí vestida de usado y de viejo. Yo creo que esto me traumó, pero decididamente lo que ahora me trauma más son las deudas, a pesar de que casi cada semana estreno algo", dice María con cara de culpa pero orgullosa a la vez.

Angeles es soltera, tiene 33 años y es una verdadera ejecutiva de cuenta de una importante agencia de publicidad transnacional. Aún vive con su familia en las Lomas y tiene tres sirvientas, mozo, chofer y dos perros pastor alemán.

"Como trabajo como una enajenada, me aliviano con el *shopping* los fines de semana. Antes tenía la costumbre de ahorrar, pero ahora, tal y como está la inflación, prefiero gastarme el dinero para que no se devalúe. Casi todo mi salario (nunca quiso decirnos cuánto gana), se me va en pagar las tarjetas de crédito. En México solamente compro libros, discos y cremas. La ropa hecha en México me deprime. Como viajo mucho por mi trabajo, todo lo compro en Nueva York o en París. No me importa invertir 600 dólares en un buen traje sastre. Mi abuela decía que había que comprar como rica para que durara como pobre. No soporto el poliéster ni ningún tipo de mezclas. Pienso que cuanto más las utilizas, más se te acorrienta el alma, a mí, me dan urticaria física y moral. Me gusta ir a muy buenos restaurantes e invitar a mis amigas. También gasto mucho en regalos. Cuando me sobra dinero compro buenas litografías de pintores mexicanos. Creo que el dinero da mucha seguridad y el hecho de poder comprar *tus* cosas, con *tú* dinero, te hace sentir superlibre e independiente. Procuro contribuir al gasto de la casa con lo que sea: o pago la renta de Cablevisión o la tintorería de mi ropa. O bien, una vez al mes voy al super y compro muchas latas. En fin, entre lo que le pago a la masajista que viene tres veces por semana a la del cutis y todo lo anterior, se me va todo mi dinero. ¿Culpable? ¡A veces! Sobre todo cuando debo pagar lo equivalente en pesos mexicanos de mis tarjetas de crédito en dólares. Entonces sí me da culpa ajena, pero no por mi ¿eh?, sino por el país", afirma Angeles.

Casilda, de 40 años recién cumplidos, esposa hace 17 y madre de tres hijos sufre de una terrible enfermedad conocida como: *compritis aguda.* "Es horrible, pero no puedo dejar de gastar. A veces he llegado a comprar dos veces la misma cosa. En una ocasión encontré un camisón precioso que hace juego con una bata de estilo muy romántico. Dos días después, paseándome por el mismo almacén volví a ver el modelo y me gustó tanto que lo compré nuevamente, sin recordar que ya lo había adquirido. Al principio pensé que estaba perdiendo la memoria, pero después me tranquilicé, diciéndome que era una compra de más. Hace dos años me sucedió algo semejante. Una tarde mi hija me comentó que en mi coche había un olor muy extraño. Yo no lo sentía, por lo tanto no le di importancia. Pero mi hija y otras personas se negaban rotundamente a subir en el automóvil a causa del olor. Días más tarde le pedí al chofer que limpiara la cajuela, y cuál no sería su sorpresa al comprobar que había una docena de bolsas del super repletas de comida ¡completamente podrida! Esto quiere decir que una tarde fui al super a hacer las compras de la semana y al llegar a mi casa se me olvidó sacarlas.

"Reconozco que es una debilidad horrible la de estar comprando todo el día. Mi siquiatra me dijo que lo hacía para vengarme de mi marido, quien siempre se encuentra sumido en sus negocios. *Look at me* le quiero decir con estos gastos, pero ¡ni así! Entonces creo que seguiré gastando hasta que me pongan un alto. ¿Quién? no sé. Antes, cuando gastaba mucho, si me entraba culpa, pero ahora, no, cada vez estoy más convencida de que en realidad todos somos víctimas de la época de consumismo que vivimos", concluyó diciendo nuestra querida amiga Casilda, con una enorme sonrisa de satisfacción, segurísima de su respuesta llena de verdad...

Nuestra última entrevistada es, quizá, la más "víctima" de estos tiempos. Se llama Guillermina, es divorciada, tiene un hijo adolescente, y con muchas dificultades nos confesó que tiene 44 años. Doña Guillermina vive de sus rentas en una residencia de Polanco además de contar con una generosa pensión que puntualmente le pasa el papá de su hijo.

"Nunca he trabajado porque, bendito sea Dios, jamás he tenido necesidad. Afortunadamente mi hijo y yo vivimos muy bien, gracias a que las tasas de interés cada vez están más elevadas, y que todos los días se devalúa el peso. Como consecuencia nuestro patrimonio en dólares ha crecido al ritmo de la crisis; es decir, ¡muchísimo! Por lo mismo, ahora gasto más, sin preocuparme en absoluto por mi capital. En lo que más me gusta gastar es en antigüedades, objetos decorativos, cerraduras y alarmas a prueba de todo. Hace poquito he instalado una alarma que me costó un millón de pesos. Cada vez que viajo a Europa (una vez al año), me compro en Suiza lo último en cerraduras. Mis sobrinos me 'chotean' llamándome *madame* San Pedro, por la cantidad de llaves que guardo en un lugar secreto. Me encantan las antigüedades, sobre todo las que son muy viejas. Disfruto mucho decorando mi casa con cosas estilo colonial confundido con moderno actual. Creo que soy una excelente clienta. Algunas porquerías las conservo, otras las re-

galo a mis sobrinos. Bueno, pero a pesar de que soy un poquito
gastadora, procuro aprovechar todas las ofertas que se presenten
en el mercado. Para ahorrar... Por ejemplo, si veo anunciado en
el periódico que un jamón está de oferta voy corriendo con el
chofer y compro cinco kilos que después congelo. Durante el mes
de enero, también aproveché las baratas; en la campaña del 'dos
por uno y medio': blancos, batería de cocina, toallas, trajes sastre, zapatos, juguetes para mis sobrinos; pantalones, chamarras y
suéteres para mi hijito, uniformes de las muchachas y otras cosas
que ya no me acuerdo. Aunque no necesitaba nada de todo esto,
pensé que se trataba de una excelente oportunidad y que de ningún modo debía dejarla pasar. Mi despensa está llena a reventar,
con toda la latería que se puso de descuento. El otro día me fui
lejísimos a una tienda de autoservicio porque su departamento
de verduras estaba en barata. Compré kilos y kilos de jitomate, el
que después hice moler y hervir. Tengo salsa de jitomate en el
congelador hasta para dos años. Me gusta ser ahorrativa en este
sentido. También he comprado muchos metros de una popelina
que estaba con un descuento del 20 por ciento. Todavía no sé
qué voy a hacer con tanta tela, pero lo importante es aprovechar
la oferta.

"¿Que si no formo parte de alguna asociación de beneficiencia?
No se me había ocurrido esa posibilidad. Durante el temblor con-
tribuí hirviendo muchísima agua para los damnificados. Me acuerdo
que ese mes pagué una fortuna de agua, algo así como 10 mil pesos", comenta doña Guillermina sin ninguna culpa mientras se mira
sus uñas perfectamente bien manicuradas en color palo de rosa.

Karma, marzo/87

CHERCHEZ LA FEMME

Tengo frente a mí seis fotografías. En cada una aparece una pareja; un hombre y una mujer. De ellas quisiera hablar en esta ocasión. Más bien lo que deseo es describir sus atuendos con la ayuda de este material fotográfico que la cámara de Frida Hartz captó el primero de septiembre frente al Palacio Legislativo de San Lázaro. Sí, en efecto, me estoy refiriendo a las esposas de los seis precandidatos. Por deformación profesional me limitaré a describir exclusivamente su vestimenta y su peinado. Anticipo mis más sinceras excusas, por los errores en que pudiera incurrir.

"¿Qué me pongo?", habrán pensado preocupadas la víspera. Veamos pues, por orden alfabético, lo que decidieron ponerse aquel día tan importante para sus maridos... y también para ellas... Clara Luz Vizzuett de Aguirre Velázquez optó por un traje de dos piezas de falda plisada y largo *chanel*. Un no sé qué me hace pensar que fue confeccionado por una costurera de esas que ya no hay y que viven allá por la colonia San Rafael. Probablemente el modelo fue sacado de un patrón hecho por un diseñador de renombre internacional, del *MacCalls*. La tela con el estampado de moda conocido como amiba parece ser 100 por ciento seda natural. Como accesorios, la Sra. Aguirre lleva unas cadenas de fantasía que hacen juego con el dorado que lucen sus anteojos negros, quizá de *Optica Devlyn*. Sus zapatos (¿*Petit Jean?*), llevan la punta descubierta. Quiero pensar que su peinadora de toda la vida fue a su casa a peinarla y le puso demasiada laca. Gloria Alvarez de Bartlett llevaba un traje sastre sumamente sofisticado de lana muy delgada en color unido. El saco cruzado es de estilo clásico, y llama la atención por el corte y la caída perfecta de los hombros. La falda es plisada y también de largo *chanel*. Me pregunto si se trata de un modelo de *Calvin Klein* o si fue comprado en Europa. Como coordinado lleva una blusa sin cuello con dibujo de rayas muy finitas (su marido llevaba corbata de estilo también rayado). El pañuelo que asoma del saco es del mismo material. Como accesorios, la Sra. Bartlett lleva un reloj *Rolex* de oro y acero y en el otro brazo, una pulsera de eslabones de *Tane*, que seguramente hacía juego con sus aretes en forma de bola. A un lado de la solapa brilla un espléndido prendedor. Parece como si fuera una moneda conmemorativa, ribeteada finamente por un cordón de oro. Sus zapatos estilo *Charles Jordan* (pero mexicanos) parecen confortables, a pesar de los tacones muy altos. Su peinado de cola de caballo la hace parecer muy juvenil y moderna.

Carmen Maza de Del Mazo González se decidió por su vestido de dos piezas, de mangas largas y de corte muy clásico. La tela de seda parece ser un fino *jaquard* de pequeños rombos realzados. Un conjunto así bien podría lucir en una de las vitrinas de *Saks Fifth Avenue*. Al cuello lleva dos hileras de collares de perlas naturales *(obviously)*. Los aretes también son de perlas. La Sra. de Del Mazo no olvidó sus esclavas de oro, ni su *Rolex*. En la fotografía se le ve el cabello rubio natural con algunas luces doradas. El corte y el peinado es discreto y elegante (Salón de Belleza *Thomas*, Presidente Mazaryk No. 495, Polanco). María Gómez de García Ramírez también se inclinó por un traje de dos piezas, pero este el más veraniego de todos. En la parte de enfrente de la blusa (que lleva afuera de la falda), se descubre un ramillete de flores bordado en la misma tela. Como accesorios lleva unas arracadas doradas como de gitana y un collar de perlas que parece de fantasía. Ese día no se dejó el pelo suelto como suele traerlo, sino que se lo sujetó en una pequeña cola de caballo. Seguramente, la Sra. García Ramírez no le atribuye mucha importancia al vestir, porque como bien dice el refrán: "El hábito no hace al monje. . .". María Teresa Vale de González Avelar: Al verla en la fotografía no puedo dejar de envidiarle la ma-ra-vi-llo-sa bolsa *original* (el broche dorado con las iniciales es inconfundible) de *Coco Chanel*. (El precio fluctúa entre dos mil y cinco mil dólares). Su saco de grandes hombreras y 3/4 en tela de lana de mascota, me hace pensar en el estilo de la diseñadora parisiense Anne Marie Baretta. La blusa y la falda también corresponden al estilo de la misma firma. Los anillos y aretes son ciertamente de oro. Sus zapatos no pueden ser más que franceses. Su peinado es moderno y diferente.

Cecilia Occelli de Salinas de Gortari. También de bolsa de cadena pero no original de *Chanel*, sino como las que venden en la planta baja de *Liverpool*, pensó también en ponerse traje sastre. El suyo es de una sencillez sorprendente, tal y como pueden ser los de la marca americana *Liz Claiborn*, y que se distinguen por su maravilloso 100 por ciento *poliéster;* no obstante, todo el mundo juraría que son de seda y que sólo cuestan 80 dólares. La blusa también de *poliéster* nada más está adornada por un collar de *Tane* que hace juegos con los aretes en vermeil y plata. Imaginamos que ella misma se hace su *shampoo* color, y que se peina en su casa con pistola y su cepillo redondo. Si acaso fuera al salón, será únicamente para hacerse una basecita de permanente. Llama la atención su discreción y su economía. *¡Cherchez —la!.*

La Jornada, 5/octubre/87

LAS MAMAS CULPABLES DE HOY

Por qué será que actualmente las madres se complican la vida cuando se trata de la educación de sus hijos. ¿A qué se debe que muchas viven angustiadísimas, temerosas de traumar a sus vástagos? "Jamás usaré los mismos métodos que utilizó mi mamá conmigo", dicen con determinación. Y leen libros sobre sicología infantil, mismos que por lo general no entienden, pero son tantas sus preocupaciones por estar bien informadas que los agotan, sacando sus propias conclusiones.

Cuando están con sus amigas, el tema predilecto es la educación de los hijos. Gustan mucho de dar consejos y de advertir sobre los traumas que una madre de buena voluntad, puede provocar en sus niños. Con sus esposos analizan profundamente el comportamiento de cada uno de sus "gordos". "¿Te fijaste que Isabelita no me quiso dar un beso esta mañana? A lo mejor fue porque anoche no le terminé de leer el quinto cuento", comentan llenas de culpa, cuando en realidad la pequeña Isabel, no fue a saludar a su madre por no despertarla.

Estas mamás quieren ser tan comprensivas, analíticas, liberadas y modernas que caen en el polo opuesto. El problema es que aún vive en ellas su propia madre, y lo que es peor: se refleja en sus hijos como si fuera ella misma, sin considerar que sus hijos pertenecen a otra generación, a otra época y a otra realidad completamente diferente.

Imaginemos una tarde cualquiera de una mamá "culpable" que tiene 38 años y trabaja por las mañanas, aprovechando que sus pequeños están en el colegio. Su vida familiar y económica la tiene resuelta; para mejorar su ambiente emocional va con el siquiatra, aunque en realidad su única preocupación es el futuro de sus hijos y el caótico mundo que les espera.

"Apúrate Luisito que tienes que ir con el siquiatra", grita Clara al segundo de sus hijos, quien está viendo un programa de televisión. Luisito no se inmuta; sentado en el suelo, con la mirada fija en la pantalla del aparato, observa sin parpadear a *He-Man* en una de sus aventuras.

"Mi hijito lindo, te espera el chofer. Recuerda que la última vez llegaste tarde", le increpa su mamá en un tono de voz entre meloso y autoritario. Finalmente el niño reacciona, levanta la cabeza y mira a Clara, como si de pronto estuviera frente a un ser desconocido.

"¿Qué?" pregunta el niño de 12 años mostrando una brillantísima hilera de frenos sobre los dientes. "Que ya es tarde y que debes ir con el doctor Barrios", explica la madre haciendo acopio de paciencia. "Yo con ese medicucho no quiero ir. Sólo me hace preguntas imbéciles. Además me cae gordo, no quiero ir", responde mientras eleva el volumen del televisor a control remoto. Con cara de drama Clara mira su fino reloj y ve que son casi las 16:20 horas. Se arrodilla para estar al mismo nivel que su hijo, y le dice casi al oído: "Luisito, amor mío, el doctor Barrios te quiere mucho, te comprende y trata de ayudarte. Si te hace preguntas es porque quiere saber cómo eres. El quiere ser tu amigo".

El niño parece no escucharla. "Andale Luisito obedéceme o te apago la televisión", agrega Clara ahora con voz firme. "Si la apagas, menos voy. ¿Por qué no le hablas por teléfono y le dices que estoy enfermo? Además es cierto, porque me duelen los frenos".

Clara mira otra vez el reloj, siente cómo la angustia comienza a subir por su garganta y vuelve a insistir: "¿De veras te duelen los dientes?, ¿quieres una cafiaspirina? ¿Te la tomas y te vas rápidamente con el doctor?", le pregunta mientras le acaricia la cabeza. "Odio las cafiaspirinas, porque se me atoran en la garganta. Además, el doctor me ha dicho que no debes de forzarme a hacer nada, tienes que respetar mis gustos. Y ahorita mi deseo es ver la tele. No quiero ir al doctor. Yo le explicaré la próxima vez. No te preocupes mami".

En ese momento Clara, no sabe si insistir al niño que acuda al doctor o no. Se siente culpable por no saber cómo actuar, ni qué

decir; culpable por ser una madre cuyo hijo tiene que ir con el siquiatra, culpable por ser al mismo tiempo una madre que consulta
al siquiatra. "¿De veras, Luisito, crees que yo te fuerzo a hacer
cosas, que no respeto tus gustos? ¿Te parezco muy autoritaria?",
le pregunta con mirada de culpa. Inmediatamente, Luisito comprende la "culpa" de su mamá y empieza a llorar sin dejar de ver
la tele. "Es que dice el doctor que estoy entrando en la etapa de
la adolescencia y que es normal que empiece a rebelarme y que tú
estás también entrando en otra etapa difícil y que te debo de
comprender".

En esos momentos, a Clara se le vienen encima todos los años
del mundo; ¿tal vez su constante angustia se deberá a una menopausia prematura?, comenzará a verla vieja su hijo, e incluso el
doctor Barrios? "Pero mi hijito precioso, yo sé que estás entrando
en la adolescencia. Yo lo único que quiero es ser tu amiga. Lo
único que te pido es que seas responsable. Tenías cita con el doctor, ya van a ser las cinco y tú sigues frente al televisor. ¿Sabes
cuánto cuesta cada sesión con el siquiatra? ¿Te imaginas a cuántos
niños traumados sin recursos económicos les gustaría recibir una
terapia así?", pregunta Clara sintiéndose nuevamente culpable por
hacer esas consideraciones que suenan a reproches mezquinos.

"Comprende Luisito que a tu papá y a mí, lo que nos importa
es que te sientas un niño feliz, que logres apareciar todo lo que
tienes, que ya no pelees tanto con tu hermano mayor, que vuelvas
a tener ganas de estudiar y que, sobre todo, me veas como amiga
y no como si fuera la peor de tus enemigas". Luisito, mientras
tanto, sigue cambiando de canal entre nervioso y aliviado. Nervioso, porque no soporta cuando su mamá se pone en plan sentimental y aliviado, porque el medicucho Barrios se había quedado plantado.

Entonces Clara decide instalarse al lado de su hijo, le toma la
mano y le dice: "¿Qué te parece si nos quedamos tú y yo juntitos
viendo la tele? ¿Quieres que Carmelita nos suba un chocolate bien
frío?" Así, los dos en el suelo, tomados de la mano, empiezan a
ver *Los Pitufos* en el canal 5. Clara ríe demasiado forzadamente
con cualquier babosada que hace alguno de los duendes. "Bájale
mami, no te emociones", le dice medio en broma Luisito que ya
ha visto el mismo programa como tres veces. De pronto, Clara se
siente ridícula, vieja, tonta y culpable. Poco a poco se le va for-
mando un molesto nudito en la garganta que trata de controlar
mientras traga suavemente.

Carmelita, con su uniforme de cuadritos azul y blanco sube, en una charola cubierta con una carpetita perfectamente almidonada, los dos vasos espumosísimos de chocolate. Coloca la charola sobre el suelo y se retira. "Gracias Carmelita", dice Clara, sintiéndose también culpable en relación a la muchacha, por no haberle querido aumentar el salario cuando se lo solicitó. "Pero si te acabo de subir en marzo", le dijo sin más.

De un sopetón Luisito se bebe su chocolate y decide darle un besito a su mamá. "Mira, mira cómo te dejé la espuma en la cara, parece que tienes barba", le dice muerto de risa. Clara sonríe con ternura, mientras se limpia el rostro con la servilleta. En esos momentos, siente que el nudo en la garganta se le va haciendo tan grande como una dura nuez. "¡Ay! Luisito, qué travieso eres". "¿Pues no que éramos amigos? Yo así me llevo con mis cuates", agrega el niño mostrándole todos sus frenos húmedos por el chocolate. Clara guarda silencio y hace como si se concentrara en el programa de _Los Pitufos_.

Comienza entonces a sumirse poco a poco en sus reflexiones: "¿No habrá una escuela donde enseñen a educar a los hijos? Yo a Luisito lo he querido particularmente, lo consiento más que sus hermanos y, sin embargo, está cada vez más agresivo conmigo. ¿En qué me habré equivocado? ¿Por qué no querrá ir con el doctor Barrios? A lo mejor le recuerda a su padre distante. Quizá debía de haberlo obligado a ir con el médico. Cada sesión me sale en 15 mil pesos. ¿Cómo se lo voy a explicar a mi esposo? Lo que pasa es que soy una madre débil, sin autoridad, no tengo personalidad. En vez de arreglar mis cosas, estoy aquí como estúpida viendo a _Los Pitufos_.

No, en realidad, soy egoísta, porque bien podría estar disfrutando de la compañía de mi hijo, compartir con él lo que le gusta. Pero como decía mi mamá, así son los hijos, malagradecidos; al rato se van y lo dejan a uno completamente solo. Quizá lo que debí de haber hecho es castigarle y mandarle a su cuarto a estudiar inglés. Ya verá, le acusaré con su papá. No mejor, me comunico con el doctor Barrios y le pido un consejo. O se lo comentaré a mi siquiatra, a ver qué opina. Pobre Luisito, no se da cuenta de lo importante que es tener una buena relación con su madre. Claro, es muy chico para que entienda. Ya se arrepentirá, como yo, de todo lo mal hija que he sido con mi mamá".

Así, mientras Luisito cambiaba constantemente de canal, Clara sentía cómo las lágrimas le escurrían por las mejillas, rodando por su cuello, hasta llegar a empapar su hermosa blusa de seda color bugambilia.

MADRES HISTORICAS

¿Cómo habrá sido la madre de Napoleón, Leticia Remolino? ¿Qué pensaba doña Leticia cuando llevaba a su hijo a la escuela militar? ¿Habrá sospechado alguna vez, mientras remendaba los calcetines de sus hijos al lado del fuego, que se convertiría en la madre del futuro emperador de los franceses? ¿Tuvo alguna influencia sobre su hijo? ¿Lo habrá traumado? ¿Se le habrá impuesto?

No hay duda de que una madre es nuestro principio. Oscar Wilde decía, que la unión entre una madre y su hijo era aún más intensa que la que existe entre una pareja. Muchas de ustedes pensarán que éste habrá sido el caso de Wilde, pero que no hay que exagerar. . .

Pero sigamos imaginando a las autoras de los días de protagonistas relevantes, aunque corramos muchos riesgos, pues es bien sabido que en México la madre es una institución sagrada. ¿Acaso no existe en nuestro país un monumento a la madre? Me pregunto si este 10 de mayo estará cubierto de ofrendas florales. ¿Qué tipo de madre simboliza este monumento? ¿La típica cabecita blanca, madre culposa y resignada? O, al contrario, ¿la madre luchona, valiente y dispuesta a todo con tal de enfrentarse a la vida? Seguramente, está dedicado a la madre en general.

Curiosamente, no existe, que yo sepa, un monumento al padre. ¿Será que los padres mexicanos no lo merecen? ¿Queremos pensar que ellos no son tan sufridos, ni tan entregados con sus hijos? ¿Por qué siempre vemos a una María que lleva en los brazos o atrás envuelto en un rebozo a un bebé? ¿Dónde están nuestros Josés? ¿Trabajando? Decididamente, al evocar la vida de un personaje de la historia no se me ocurre pensar en el padre. Y no es que no tengan una enorme influencia sobre los hijos pero, a mi manera de ver, creo, su imagen no es tan atractiva como la de una madre.

Nada me habría ilusionado tanto como tomar una taza de té con la mamá de Julio Cortázar. Tengo entendido que tenían entre sí una espléndida relación, y que sobrevivió al autor de *Rayuela*. Qué emoción la mía, si durante la visita, de pronto me hubiera dicho: "¿Le interesaría ver uno de esos viejos álbumes de familia? Mire, aquí está Julio a los cuatro años con su gato. Desde que era niño tenía una imaginación desbordante, creía que los gatos interpretaban canciones de amor por las noches. Y aquí estamos en Banfield, suburbio de Buenos Aires, en donde pasó toda su infancia y parte de la adolescencia. Mientras dormía, yo sabía que estaba escribiendo sueños extraordinarios, porque al otro día comentaba: 'Soñé con un paragüas mojado que se abría y se cerraba sin cesar'. Siempre supuse que sería escritor... Aquí tiene dos años; estamos en Suiza en 1916. El bastón que tiene en la mano era de su abuelo. Muchas veces lo montaba como si fuera un caballo y ordenaba: ¡arre, arre!" A la madre de Cortázar le habría hecho muchas preguntas, pero sobre todo una: ¿con qué ojos lee los libros de su hijo?

¿Cómo habrá sido la madre de Emiliano Zapata? ¿Se habrá enterado de la importancia de su hijo dentro de la Revolución Mexicana? ¿Le habrá hecho cobrar conciencia de lo fundamental que era trabajar la tierra? ¿En dónde está enterrada? ¿Habrá visto con buenos ojos la lucha de su hijo? ¿O, quizá jamás se enteró quién fue Emiliano Zapata?

¿Qué sabemos de la madre de Mario Moreno "Cantinflas"? ¿Le caería en gracia su hijo? ¿Le habrá entendido, cuando de pequeño trataba de pedirle alguna cosa? ¿Se expresaban los dos del mismo modo? Si tuviera una varita mágica para hacer posible que me encontrara frente a ella, le preguntaría: "Señora Moreno, ¿a qué años aprendió a hablar su hijo? ¿Qué fue lo primero que dijo? ¿Se le caían los pañales? En la escuela, ¿qué opinaban de él sus maestros? ¿Usted cree que habría podido ser un magnífico político? ¿Sabía usted que el verbo 'cantinflear' aparece en el diccionario? ¿La hacía reír cuando era niño? ¿Cuál de todas sus películas prefiere usted? ¿Cree que si hubiera sido mujercita, también sería cómica? ¿Qué se siente ser la madre de uno de los personajes más populares de México? A lo mejor nunca lo conoció de grande. Quizá lo encontraba particularmente antipático".

El famoso actor ya desaparecido, Cary Grant dejó de ver a su madre cuando tenía 10 años de edad. Cuenta que un día que regresó de la escuela ya no la encontró en su casa. Muchos años después se enteró que había sido internada en un hospital siquiátrico. Nunca nadie quiso decirle a Cary el nombre del hospital. Durante muchos años estuvo buscándola, hasta que la encontró. "Cuando la vi no lo podía creer, se había convertido en una anciana. El encuentro fue en el jardín de la clínica. Recuerdo que ese día hacía un calor insoportable. Cuando se marchó la enfermera, le expliqué que era su hijo y que por años la había buscado en todos los hospitales. No hablaba, nada más se limitaba a escucharme. Al cabo de 10 minutos, vi que sus ojos se llenaban de lágrimas. Supe que me había reconocido, pero que prefería callar, porque ya no tenía nada que decir. La abracé y los dos lloramos hasta que la enfermera vino a buscarla. Nos separamos, sabiendo que nunca más nos volveríamos a ver. A partir de ese día, comprendí que mi madre era lo más importante en mi vida", cuenta Cary Grant en una de sus tantas entrevistas.

María Magdalena Leym se llamaba la madre de Beethoven. Era una mujer triste, solitaria y sumamente insatisfecha en su vida matrimonial. Quizá una de sus pocas satisfacciones era escuchar a su hijo tocar el clavecín. El pequeño Ludwing van Beethoven sentía que su madre lo escuchaba con tal admiración, y la sabía tan infeliz al lado de ese padre autoritario, que durante horas se ponía a improvisar con tal de matizar un poco la infelicidad de su madre. Imaginemos un poco la complicidad que pudo haberse establecido entre los dos, una de esas tardes de verano de 1779. En ese entonces, el compositor tenía nueve años. Si pudiera hacer un viaje al pasado le preguntaría: "Dígame señora Van Beethoven, ¿por qué permite que su marido trate a los dos con tanta dureza? Con esfuerzos oigo que me dice: 'En realidad mi hijo y yo lo ignoramos, hacemos como si no existiera. Mientras Ludwig toca, se va creando un puente entre los dos. Cuando ya está sólidamente construido y sostenido, nos encontramos justo en medio y nos ponemos a bailar con la música. En ese momento nadie más existe para nosotros. Lo importante en la vida es establecer puentes con los seres que amamos. Solamente de esa manera se puede soportar la soledad natural con la que uno viene al mundo.' Ya no quise preguntarle nada más, para no interrumpir esa comunicación que se sentía entre los dos. Curiosamente, al partir de su casa, noté que los dos tenían los ojos llenos de lágrimas. No había duda, el puente entre ellos se había establecido".

¿Qué cuentos le habrá contado su mamá a Walt Disney antes de dormir? ¿Cuál de todas las mamás que salen en sus dibujos animados es la más parecida a la señora Disney, la mamá de Bambi, o la madrastra de Blancanieves? ¿Habrá tenido un parecido con Mimí o con Daisy? ¿Qué tipo de imagen materna tendría Walt cuando era niño? "Díganos, señora Disney, ¿si entonces no había televisión ni caricaturas, cómo se distraía su hijo?" "Precisamente porque se aburría muchísimo, sobre todo cuando terminaba sus tareas, decidió inventarlas. Recuerdo que primero dibujó un ratoncito insignificante en un cuaderno. Después hizo muchas copias del mismo animalito. Esa tarde estaba la ventana abierta y hacia viento; las hojas de su cuaderno comenzaron a revolotear, y el ratoncito empezó a moverse por el efecto del aire. Esto divirtió mucho a Walt y me dijo: 'Ahora cuéntame el cuento de este ratoncito que se llama Mickey'. Fue así como nació Mickey Mouse. A partir de ese día, todas las tardes dibujaba monitos, para que en la noche yo se los pudiera contar. Mi hijo era un niño muy insolente, siempre que lo regañaba se moría de la risa, hasta que una vez le pregunté el porqué, 'es que tienes monitos en la cara', me contestó al soltar una carcajada. Por eso puedo afirmar que fui su primera fuente de inspiración", diría seguramente la madre de Walt Disney ante la pregunta de: "¿cómo era la relación entre madre e hijo?"

Claro que también existen las madres egoístas, manipuladoras, autoritarias y dominantes. De este tipo hay muchas historias qué contar y todas, por lo general resultan fascinantes; cuanto más malas nos parecen, más nos atraen.

No en balde, la señora Creel, protagonista de la telenovela *Cuna de lobos*, mantuvo la atención de millones de televidentes durante meses. A través de su personalidad, seguramente muchas madres mexicanas intentaron exorcizar su rol de abnegada. No sería extraño que al verla tratar a Juan Carlos con tanta maldad, habrán pensado en silencio: "Cómo me gustaría ser como ella. Si tan sólo pudiera hablarle en ese tono a mis hijos, quizá me respetarían más. Estoy harta de ser buena y abnegada".

Karma, mayo/87

Y TENER QUE FESTEJAR A LAS MADRES...

Pasado mañana es Día de las Madres, como ya se está volviendo costumbre decidimos realizar nuevamente otro sondeo sobre el 10 de mayo, con el objeto de conocer diferentes opiniones de generaciones distintas y que nada tienen qué ver con los patrones establecidos en relación con el festejo típico de este día.

Entre decenas de entrevistas efectuadas dentro de la desencantada clase media mexicana, optamos por elegir solamente cuatro, que nos parecieron las más representativas de la época que vivimos.

Abuela de 12 nietos. Edad: 71 años. Madre de seis hijos. Viuda. Vive sola en un condominio de la colonia del Valle.

"A mí sinceramente me da mucha flojera festejar el Día de las Madres. Mis hijos han sido muy ingratos conmigo. Nunca me vienen a visitar. Pero eso sí, el 10 de mayo insisten en llevarme a comer a un restaurante.

"Finalmente, siempre acabamos peleados, porque cuando llega la cuenta, todo el mundo se hace el desapercibido. Entonces, la que siempre acaba pagando soy yo. 'Es que debo mi American Express', me dijo el año pasado mi hijo mayor. 'Es que la inflación cada día está peor, mami', decía mi hija. La tercera es divorciada y el estúpido del ex marido no le pasa ni un centavo. La cuarta se fue a vivir a Guadalajara y hace un año que me llamó para felicitarme, hizo la llamada por cobrar. El quinto es recién casado y apenas le alcanza para salir adelante. La última, no la veo desde hace dos años que se largó con el novio, un bueno para nada. Mis nietos tienen una manera muy curiosa de festejarme. Nunca me traen regalo y siempre me piden su domingo o su cumpleaños atrasado.

"Para colmo, después de la famosa comida, por lo regular resulta que nadie me puede regresar a mi casa, porque todos llevan mucha prisa, que tienen citas importantísimas, compromisos con la otra suegra, etc., etc. El caso es que siempre acabo tomando mi taxi que me sale en un ojo de la cara, aparte del cuentón que tuve que pagar, y de los domingos y cumpleaños atrasados. Cada año llego a mi casa con la bilis desparramada por los corajes que me hacen pasar esos hijos malagradecidos. No, a mí no me gusta el Día de las Madres, son puras cursilerías y mentiras. Es la culpa de los comerciantes y de la publicidad que hacen creer que es un día precioso", dice esta pobre madre decepcionada, pero realista a la vez.

Madre de tres hijos. Edad, 43 años. Divorciada. Trabaja en la difusión cultural de un banco muy prestigiado. Vive en una casa rentada en las Lomas de Chapultepec.

"La verdad, la verdad, este día me deprime muchísimo. Hace seis meses que mi mamá y yo no nos hablamos. Entonces, de pensar que tengo que ir a la comida familiar, me aterro. El año pasado que le llevé un regalo, me acuerdo que era un perfume de *Guerlein,* la primera cosa que me dijo fue: 'Ay, ¿tan chiquito?, para la próxima vez regálame aunque sea un agua de colonia, pero el tamaño grande. A mí miniaturas no me gustan'. Además, en las comidas familiares siempre acabamos los hermanos metiéndonos muchos tapones. A mí me ven rarísimo porque soy la única divorciada de la familia. En fin, siento que en esas comidas todo es muy forzado. Mi hijo de 16 años ya no me regala nada. Los dos chiquitos me traen sus trabajos manuales que hacen en la escuela. Pero como que siento que es a chaleco. Tampoco le festejan mucho a la abuelita.

"Todavía me acuerdo de los agarrones que nos dábamos mi ex y yo, porque él quería que fuéramos a comer a casa de su mamá y yo que fuéramos a la de mi mamá. Siempre acababa viniendo con la mía, pero de pésimo humor. Por esas razones tan tontas las cosas se fueron deteriorando mucho entre los dos. Pienso que es una fecha muy artificial.

"Sinceramente no guardo bonitos recuerdos de este día. Las mamás que hacen como que se la pasan super ese día son una hipócritas. Son las típicas mamás mexicanas manipuladoras que se aprovechan del 10 de Mayo para chantajear a sus hijos y al pobre marido culposo que, para limpiar sus culpas, le regalan quien sabe cuántas cosas sin saber que su esposa sabe por qué razón ese día él cambia el comportamiento con su mujer", aclara contundentemente esta mamá moderna feminista y lúcida.

Hija de 18 años. Estudiante de economía en el ITAM. Hija mayor de una familia de cuatro. Coche, *Golf* 1988. No tiene novio, pero sin embargo, le llueven los pretendientes.

"A mí el Día de las Madres se me hace de lo más cursi. Pero ni modo, se lo tengo que festejar a mi mami, porque si no se pone super histérica. Nunca sé qué regalarle porque tiene todo, todo. El año pasado le escribí una cartita en buena onda, pero no le entendió nada, lo que se dice na-da. Creía que le estaba reprochando miles de cosas. Es que es de lo más susceptible del mundo. Yo cuando sea mamá no me va a importar si me lo celebran o no. Espero que para entonces ya haya pasado de moda. A mi abuelita sí me gusta festejárselo porque es muy linda conmigo. Somos como cómplices. Lo malo es que este año no tengo dinero para comprar su regalo. Yo creo que si le envuelvo uno de sus miles de suéteres que nunca se pone, ni cuenta se da. Pobre de mi mamá, porque este día es de lo más importante para ella. Se siente rea-li-za-da", comenta esta estudiante con una ligera sonrisa en los labios.

Niño de 9 años. Hijo único.

"Yo le voy a regalar un marquito que estamos haciendo en la escuela. Me está quedando re feo, pero lo importante no es el regalo, sino la intención. Tenía ahorrado dinero, pero de plano me lo gasté y me compré un *Play Mobil* ¡padrísimo! Además, mi papá siempre le compra flores, aparte de su regalo. Todos los años vamos a comer a un restaurante chino, porque a mi mamá le gusta mucho comer chino. En la comida siempre acaba llorando porque dice que quiere tener otro hijo pero que ya no puede. Por más que tratamos de cambiar de conversación mi papá y yo no podemos.

"Después vamos a visitar a mis dos abuelitas. Primero la de mi papi. En la visita mi mamá ni abre la boca y siempre se quiere ir muy, muy rápido. Después en el coche mi papá la regaña y se acaban peleando. Cuando vamos a ver a la otra abuelita, ni mi papá ni mi mamá quieren hablar. Yo creo que lo hacen como por obligación. Entonces mi abuelita siente feo y se pone a llorar, diciendo que está muy sola y que ya nadie la quiere. De regreso a la casa en el coche no se hablan. Llegando vemos la tele, merendamos y nos acostamos. Me gusta regular el Día de las Madres", confiesa este pobre pequeño que no entiende por qué existe un día tan triste.

El Norte, 8/mayo/88

LA CULPA DE LAS MUJERES INTELIGENTES

Pocas cosas provocan más culpa en las mujeres casadas que el saberse más inteligentes que el marido.

Por lo general, esta categoría de "culposas" sufre en lo más íntimo de su ser, pero no lo admite plenamente. Por las noches, arde de remordimientos y maldice su destino que permitió que tomara conciencia de esta injusta diferencia. ¿Cómo es posible que ella, se atreva a pensar que es superior a su hombre? ¿Acaso no le enseñaron desde pequeña que las mujeres no piensan, y que deben someterse a lo que diga el marido? Ella es la señora de. . . y tiene que obedecer al señor, al amo, al padre de sus hijos, a quien de ningún modo se debe contradecir. "Chitón, perrito ladrón", le dice su conciencia.

" ¡Ah!, pero esas señoras ya no existen", dirán muchas de ustedes. Sin embargo, se equivocan: desgraciadamente todavía hay muchísimas. Lo que sucede es que prefieren callar. Es difícil que una señora diga: "Mi marido, ese señor que en las reuniones sociales parece un auténtico *winner*, en realidad es un soberano idiota. Hace mucho descubrí que yo soy más inteligente que él. Pero jamás se lo he dicho, porque acabaría odiándome. Nunca de los nuncas me lo perdonaría. Por eso, prefiero pasar por tonta, para que él tenga la posibilidad de brillar".

Rosario Castellanos, poeta y escritora que tanto enseñó con su vida a las mujeres dice: "Si compito en fuerza corporal con un hombre normalmente dotado (siendo yo una mujer también normalmente dotada) es seguro que me superará en agudeza, en agilidad, en volumen, en minuciosidad y, sobre todo, en el interés en la pasión consagrados a los objetos que servirán de material a la prueba. Si planeo un trabajo que para mí es el colmo de la ambi-

105

ción y lo someto a juicio de un hombre, éste lo calificará como
una actividad sin importancia. Desde su punto de vista yo (y conmigo todas las mujeres) soy inferior. Desde mi punto de vista, con-
formado tradicionalmente a través del suyo, también lo soy. Es
un hecho incontrovertible que está allí. Y puede ser que hasta esté
bien. De cualquier manera no es el tema a discutir. El tema a discutir es que mi inferioridad me cierra una puerta y otra y otra
por las que ellos (los hombres) holgadamente atraviesan para
desembocar en un mundo luminoso, sereno, altísimo, que yo ni
siquiera sospecho y del cual lo único que sé es que es incompa-
rablemente mejor que el que yo habito, tenebroso, con su atmós-
fera casi irrespirable por su densidad, con su suelo en que se avan-
za reptando, en contacto y al alcance de las más groseras y repug-
nantes realidades. El mundo que para mí está cerrado tiene un
nombre: se llama cultura. Sus habitantes son todos ellos del sexo
masculino''.

La cita es larga, pero ejemplifica perfectamente el sentimiento
de culpa que siente la mujer con respecto a la superioridad del
hombre.

¿Cómo es posible que una mujer tan excepcional como Rosario
Castellanos insista en que es inferior? ¿Qué es lo que la hacía pensar
así? La explicación se remonta a la época en que Rosario es pequeña. A la muerte de su hermano menor, Benjamín Castellanos, el
consentido de los padres, ocurrida por una apendicitis en Comitán,
Rosario escucha mientras velan al niño: ''¿Por qué murió el varón
y no la mujercita?'' Sumido en la desesperación, César Castellanos,
el padre, todavía le dice a su mujer: ''ahora ya no tenemos por
quién luchar''.

Seguramente hemos de haber escuchado expresiones en este sentido desde que éramos niñas. Recuerdo que cuando mi madre se
daba cuenta de que en el refrigerador nada más quedaban un par
de rebanadas de jamón, nos decía sin la menor vacilación: ''Este
jamón es para su hermano. Ustedes como mujeres no necesitan
tantas proteínas para estudiar, al fin se van a casar''. Mi hermano,
sin rubor, se las comía, sintiendo desde chiquito la autoridad que
le daba ser el único varón entre siete mujeres. ''¿Bendito entre
mujeres?'' me preguntaba con rabia al verlo comer sus sabrosí-
simas rebanadas de jamón.

¿Cuántas veces en las reuniones sociales hemos visto a las esposas
(en este caso ''espositas'') mantenerse en silencio durante horas y
horas, mientras que los maridos (''maridotes'', en este caso) hablan de política, economía, chistes colorados y anécdotas de la

universidad? Ellas no se atreven a intervenir, y si alguna tuviera
la idea de intentarlo, se limitaría a acercarse delicadamente al oído
del marido para susurrarle su opinión. El jefe, el amo, el señor, el
cuate de los cuates, su hombre la oye apenas recurriendo a toda
su tolerancia, limitándose a sonreír tiernamente, como diciendo:
"Sí, sí, mi amor, eso es. . ." Pero en realidad lo que le dice es:
"hay de ti si te atreves a intervenir personalmente". Otros, los más
terribles, ni siquiera se percatan de que su mujer se les ha acercado,
y si ésta tuviera la pésima idea de insistir, con su mirada de macho,
de hombre y de puñal, le ordenarían: "Calla. Escucha. O bien, ve
a ayudar a la anfitriona. Pero deja de fastidiar". Sin embargo, existen señoras que ya están hartas de tener cara de maceta y deciden
lanzarse con cualquier comentario. Pero es tanta y tanta su culpa,
que en seguida sienten que se les quiebra la voz, se equivocan, tar-
tamudean, confunden la anécdota o, de pronto, sienten que su
mente se les pone en blanco fosforescente. Todo el mundo las
observa con una profunda lástima. Se da cuenta de ello y opta por
no volver a abrir su "maldita" boca para no arriesgarse a caer en
el ridículo y en la humillación. Con la mirada estrellada contra el
suelo se pasa el resto del tiempo comiendo cacahuates y rumiando
su culpa. Por lo general, en estos casos los "maridotes", no las apo-
yan, sino todo lo contrario. En el coche de regreso a su casa les
dicen en tono reprochón: "mira, mejor no hables. No sabes. In-
terrumpías a cada momento y siempre salías con una tarugada.
La próxima vez escucha, para ver si aprendes algo".

No hace mucho, organicé una pequeña reunión en mi casa. Era-
mos cuatro parejas y todos nos conocíamos entre sí. Una de las
señoras, contrariamente a la costumbre, platicó detalladamente
cómo había conocido su padre a su madre. Todo lo que decía era
simpático, ágil y entretenido. Nos tenía encantados a todos. Incluso el marido parecía disfrutar mucho el relato. Nunca la inte-
rrumpió y varias veces era el que más celebraba las ocurrencias de
su mujer. Formábamos entonces, todos tan buen público, que mi
amiga seguía con su relato como si gozara ella más que nosotros.
Mucho del éxito de esa velada fue la armonía y el buen humor que
todos sentíamos esa noche.

Al otro día, mi amiga me habló. Su voz parecía lejana y triste.
Cuando le dije que hacía mucho no la veía y sentía en tan buena
forma, lo único que tuve como respuesta fue un largo silencio.
"¿Qué te pasa?" le pregunté desconcertada. Y entre sollozos me
contó que había reñido horriblemente con su marido: "No te puedes imaginar todo lo que me dijo cuando salimos de tu casa. To-

davía no nos subíamos al coche cuando empezó a gritarme: 'Cada vez estás peor. No hablas, ¡rebuznas! Te crees muy graciosa, pero en realidad cansas con tus historias. Yo creo que tú estás enferma, no es posible que hables tanto, es compulsivo. Deberías de ir con un loquero. No dejaste hablar a nadie. ¿A quién diablos le importa cómo se conocieron mis suegros? Además te veías horrible cuando imitabas al juez. ¿No te das cuenta de que cada día estás más vieja y que ya no te puedes dar el lujo de ser el centro de las reuniones? Me diste lástima y pena. Por eso no me gusta venir a reuniones con señoras. ¡Eres tan superficial! Además ya he escuchado la misma historia miles de veces, y siempre inventas. Por tu culpa no dejaste hablar a mi comadre, esa sí tiene cosas interesantes que decir, esa sí tiene una carrera universitaria. Pero tú, ni el bachillerato acabaste. Mira, no te paré, porque soy muy controlado y además no me gusta hacer escenitas en público. Hasta tenía ganas de pegarte. Cada día me recuerdas más a tu mamá. Pobrecita, me das lástima, a toda costa te quieres reafirmar. ¿Qué quieres probar, que eres una idiota?".

Karma, Junio/87

SEÑORITA CONCIENCIA 1987

"Vamos a escoger jóvenes con preparación para que compitan en 'Señorita México' ", dijo Raúl Velasco durante un desayuno con la prensa el jueves pasado. "De ahora en adelante prepararemos a las candidatas a las competencias de "Miss Universo" con un año de anticipación. El 24 de mayo será la final. La ganadora representará a nuestro país en "Miss Universo 1988". También se eliminarán "cositas chafas, como era la selección de las 15 concursantes de cada estado, y que la verdad me daba vergüenza filmarlo", aseguró "el pilar de Televisa", como se califica a sí mismo.

Después de leer lo anterior, cerré los ojos, conecté mi imaginación a _Televisa_ y vi el siguiente cuestionario durante la final del certamen de la Señorita México 1987. También escuche en mis oídos algunos comentarios del famosisísimo conductor de _Siempre en Domingo_. Por salud mental, y por falta de tiempo, cancelé todos los comerciales. Estos se los dejo a la propia fantasía del lector.

De pronto vemos en nuestro televisor al comunicador Raúl Velasco entrevistando a una hermosa señorita: 1,74 de altura, vestida con traje de baño y con las siguientes medidas: 90-60-90. La cabeza del señor Velasco y su micrófono llegan a la altura del mentón de la entrevistada: "Señorita Sinaloa, ¿usted cree que es importante fortalecer la legitimidad del Estado en momentos de crisis como los que estamos viviendo en estos momentos, o cree todo lo contrario? Señorita Coahuila: además del concurso de Miss México, ¿le preocupan las grandes mayorías nacionales? Señorita Durango: ¿Recuerda usted cuándo se concedió registro a los nuevos partidos: PSUM, PRT, PDM y PST? Señorita San Luis Potosí; como buena cristiana que se ve (je-je), ¿qué nos puede decir sobre la rebelión cristera? A ver, ¿qué opina la Señorita Guerrero del presidencialismo mexicano? ¿le gusta o no? Y dígame, ¿está usted de acuerdo con la nacionalización bancaria o le gustaría que la desnacionalizaran por completo? Usted naturalmente todavía no había nacido, Señorita Oaxaca, pero seguramente ha leído sobre el movimiento estudiantil de 1968, ¿no le daría miedo que se volviera a dar en México un acontecimiento semejante? Señorita Yucatán, como usted sabe, Vicente Lombardo Toledano llamó a Miguel Alemán "cachorro de la Revolución Mexicana", ¿usted cree que su hijo, ahora Presidente de nuestra casa, nuestro hogar, nuestra religión, *Televisa*, sigue siendo de alguna manera "cachorro del PRI", y que tenga posibilidades de ser otro de los tapados? ¿Usted cree, Señorita Quintana Roo, que existan presos políticos en México? Y si lo cree, piensa que deben de seguir presos o que mejor deberían dejar de ser políticos? A ver, Miss Campeche (je-je), ¿cómo le gustaba más John Gavin, como embajador, como actor, o como hombre? Díganos Señorita Hidalgo, ¿quién fue Flores Magón: el autor del Himno Nacional, candidato a la presidencia por el PAN, o un agitador anarquista que vivió en quién sabe qué época? La iglesia de Santa Rosa en Querétaro, ¿fue construida por Francisco E. Tres Guerras? Usted Señorita preciosa de Celaya, ¿quién construyó la iglesia del Carmen? Señorita DF, a usted le voy a preguntar algo muy urbano: ¿cuánto mide una legua? A ver, Señorita Veracruz, le voy a hacer una preguntita muy sencilla: ¿cuál es el estado actual de desarrollo de la pesca en su bellísimo estado? Esta no es una pregunta política, aunque parezca. Pienso que nuestra representante que viajará por todo el mundo representándonos, ante todas las representaciones, nos puede decir, ¿por qué no es muy adecuado dividir a los animales en vertebrados e invertebrados? Tome su tiempo, así, mientras todos en sus hogares podrán admirar esos ojos tapatíos (je-je). A su manera de ver, Miss Baja California, ¿cuál es la función de la Constitución en la vida de México? Señorita Tamaulipas, no sé si ha oído hablar del Grupo Contadora. ¿Podría decirnos si México, con su política exterior, realmente está contribuyendo a la paz de América Central, o al contrario, provoca enfurecer más a nuestros vecinos, y hermanos, todos los ciudadanos estadunidenses que nos están viendo en estos momentos?, y a quienes desde aquí les mando un fuerte abrazo. Miss Chihuahua, durante las últimas elecciones para gobernador, ¿qué fue lo que la hizo votar por Baeza? Discúlpeme, quisiera hacer un pequeño comentario antes. Todas las participantes en este extraordinario certamen son priístas. De ninguna manera fue un requisito, porque somos, ante todo, plurales. Pero ahorita México necesita de democracia, lo cual quiere decir que debemos apoyar al PRI lo más posible. La Señorita Querétaro es amante de la buena música, además de romántica ¿verdad? José Revueltas, además de fundador del Partido Popular Socialista, también fue un excelente compositor, ¿cómo se llama su famosísima sinfonía? Señorita Chiapas, ¿qué quieren decir los términos primordial, susceptible, trashumante, seto y curva de nivel? Señorita Michoacán, nuestro gran presidente Lázaro Cárdenas que nació en su estado natal, allá por Jiquilpan, ¿en qué fecha nacionalizó el petróleo? Si no recuerda exactamente la fecha díganos si fue antes de la Primera Guerra Mundial o después de la Segunda?".

¿Quién cree usted que de todas estas señoritas se convertirá en Miss México? ¿Tendrá posibilidades de competir hasta el último para volverse Miss Universo 1988? Todo depende de su maestro, el extraordinario comunicador Raúl Velasco.

La Jornada, 17/enero/87

LOS CUARENTA

Solo faltaban tres días. Desde que empezó el mes no podía dejar de pensar en esa fecha. "¡Qué horror!; ya estamos en agosto", se dijo una mañana en que no quería levantarse de la cama. Esa misma mañana se estuvo observando detenidamente frente al espejo. Con mucho cuidado empezó a revisarse cada zona de su cara. Viéndose fijamente el dedo pulgar seguía despacito el curso de todas esas pequeñas líneas que encontraba alrededor de los ojos, boca y cuello. Empezaba a acostumbrarse a ellas y, sin embargo, cada día que pasaba las odiaba más. "Las arrugas son líneas de expresión, pueden ser muy interesantes", había leído en un viejo número de *Cosmopolitan*. "¿Expresión de qué?", se preguntó con cierta amargura.

No había duda, la edad comenzaba a preocuparla, pero lo que era peor, empezaba a notársele. Cuando se desvelaba, al otro día se sentía fatal, con bolsas en los ojos como si pesaran kilos; sus poros parecían más abiertos, su cutis se le veía lijoso y deshidratado. Ya ni las mascarillas más eficaces le borraban esa nubecita que parecía opacarla cada vez más. Ultimamente comenzaba a tener dificultades para vestirse. Antes de salir a una reunión se cambiaba miles de veces; nada le quedaba. "¿Tendré ahora que vestirme con trajes sastres?", se preguntaba angustiada mientras colgaba y descolgaba vestidos y faldas. Sentía que su cuerpo había cambiado, que su cintura había desaparecido, que sus hombros parecían más bajos que de costumbre, que su busto se veía

111

como triste y que sus caderas se habían ensanchado. Todos los días se juraba por todos los santos ponerse a dieta, hacer ejercicio, acostarse temprano, tomarse un vaso de agua caliente en ayunas, comer cosas saludables, quitarse el café y, sobre todo, desmaquillarse cada noche sin olvidar la crema nutritiva. Nunca lo hacía. "Mañana empiezo", se decía antes de acostarse a las dos de la mañana, completamente maquillada y después de haber cenado un enorme plato de paella, unos profiteroles con salsa de chocolate y dos tazas de café express.

A veces se ponía completamente desnuda frente al espejo y observaba ese cuerpo que se reflejaba mustiamente. Ella lo miraba como reprochándole algo sin saber qué. Sus senos le parecían como esas rosas que ya llevan varios días en el jarrón, su vientre lo veía abultado y un poquito fláccido. Por más que buscaba su cintura, no la encontraba. "Yo creo que ya no puedo ser Chica Cosmos", pensaba medio burlonamente mientras miraba sus piernas de típica señora con problemas de circulación.

Por las noches se acordaba con desagrado de las crónicas policiales cuando hablaban de una otoñal mujer de cuarenta años, o cuando solía llamar a su tía, "cuarentona amargada". Cuarenta años: dos veces veinte, cincuenta menos diez, la mitad de ochenta, cuatro décadas, ocho lustros, 20 bienios, 14 mil 600 días, 480 meses. ¿Cuántas horas y cuántos minutos de existencia? ¿En qué se le había ido el tiempo, además de casarse y tener tres hijos? En esto se le iban las noches pensando tres días antes de la fecha.

¡Con cuánta tristeza oía aquello de "señora", venir de boca de chicos jóvenes. Ya no la trataban como si fuera una de ellos, ya la veían cada vez más lejana en tiempo y edad. O si no, cuando su hija de 8 años le preguntaba: "Oye mamá: ¿y cuándo eras chiquita había televisión?, ¿cómo eran los coches en tu tiempo?, ¿existía el teléfono?". O cuando escuchaba por la radio las canciones de los Beatles y que el locutor decía que se acababa de escuchar un viejísimo _hit_ de hace 25 años: _I want to hold your hand;_ entonces sentía aquello que llamaban nostalgia y de pronto quería estrechar la mano, esa que la estaba de alguna manera abandonando: la de la juventud.

Sin embargo, había algo que la consolaba: el tiempo pasaba por todo el mundo sin discriminación alguna. También veía a sus amigas cada vez menos jóvenes. Unas hasta le parecía que habían dado el "viejazo" prematuramente. En el más reciente número de la revista _¡Hola!_, había visto una fotografía de Catherine Deneuve a sus 43 años. Sintió cierto gusto al confirmar que ya no era la misma que había admirado en *Los Paraguas de Cherburgo* y en *Bella de día*. Ella también envejecía poco a poquito.

Pero sólo faltaban tres días. El 12 de agosto cumpliría 40 años y esto la aterraba. ¿Cómo le explicaría a sus hijos: "No, niños, olvídense de mi cumpleaños. Aunque pase el tiempo su mamá ya no cumple nada de años, a pesar de que la vean menos joven, con arrugitas, ya no tan fresca, y que se canse más que ustedes, sigue siendo la de siempre; los que crecen son ustedes, que muy pronto dejarán de ser niños para ser adolescentes y luego adultos, pero su mamá está igualita que antes, *i-gua-li-ta*, como le dicen sus amigas cuando la encuentran en la calle". Les explicará ese martes mientras sienta por adentro que se le vienen encima todos los cumpleaños del mundo, incluso los que no ha cumplido, y que inevitablemente seguirá cumpliendo.

¿Será de verdad tan difícil para una mujer cumplir 40 años?

La Jornada, 9/julio/86

LOS CINCUENTA

Hace tres semanas en este mismo espacio, me atreví a escribir un texto que se llamaba "Los Cuarenta", refiriéndome a una señora que se resistía a envejecer. Al otro día de su publicación, tres amigas "cuarentonas" me llamaron furiosas reclamándome: "Oye, tu subjetivismo no se mide, yo paso de los cuarenta y para nada me siento, y mucho menos me veo, como describes a esa señora". Entonces comprendí que las había ofendido. Para ellas escribo el día de hoy, aprovechando que ayer cayó en mis manos el más reciente número de la revista francesa *Le Point*. En su portada aparece, además de una pequeña fotografía de Kadafi, una mujer espléndida de ojos claros y serenos vestida de negro y con una actitud de gran sabiduría. *Femmes: La Belle Cinquantaine*, dice el titular.

"Las mujeres no tienen edad, proclamaba un personaje de Sacha Guitry. Nada más hay jóvenes y viejas". Entonces, ¿cuál sería el lugar de las mujeres de cincuenta años?, se pregunta *Le Point*. Y responde: "a esa edad todo les cae, además de que se les cae todo: la menopausia; una salud más frágil; la partida de los hijos, la responsabilidad de unos padres viejos y, algunas veces, el espectro de la jubilación. Y sin embargo, se les pide a estas señoras de cincuenta años seguir guapas y llenas de vitalidad".

Un sociólogo holandés, el profesor In T Veld recientemente pidió a un grupo de estudiantes que imaginaran cómo se verán a los cincuenta años. En los muchachos la respuesta fue inmediata: abogado, doctor, o industrial como sus padres. Las muchachas en cambio, entregaron la respuesta en blanco. ¿A qué se debe este misterio en las mujeres de 50 años?

El doctor David Elia, ginecólogo y autor del libro *Mujer para siempre*, asegura que en la mujer de esta edad, las capacidades intelectuales están intactas, su disponibilidad profesional es enorme y su forma física es buena. "Todavía tiene frente a ella la esperanza de vivir treinta años", dice.

En el texto aparecen varias entrevistas de mujeres cincuentonas y de profesionistas interesadas en el tema. El doctor Elia continúa: "Todo pasa en la cabeza. Es una crisis de la cual se puede salir abatida, o al contrario, fortalecida. No hay duda que vivimos en una sociead poco indulgente para los que envejecen. Las mujeres lamentan amargamente que la publicidad y la prensa nada más muestren a chicas de 20 años, bonitas, delgadas y con la belleza del diablo en el cuerpo. Bueno, pero ¿por qué a nosotras nada más nos eligen para anunciar artículos del hogar?". Françoise Fabian, actriz, dice: "Desde que cumplí los cincuenta años, pienso más en la muerte. Sin embargo esto me ayuda a vivir más. Cada día que pasa es como un regalo para mí".

¿Qué les pasa a las mujeres que están casadas? *Le Point* dice que el clima conyugal se deteriora con la partida de los hijos. Después de tantos años de matrimonio, la pareja se encuentra cara a cara y puede tronar, o al contrario, se une todavía más. Las mujeres que no trabajan soportan mal ver a los hijos irse; lo viven como un vacío, un sentimiento de inutilidad y entonces aparece el duelo afectivo; es lo que se conoce como "síndrome del nido vacío". Muchas mujeres que trabajan, sin embargo, aseguran que "es quizá uno de los momentos raros en la vida profesional de la mujer en que está prácticamente al igual que los hombres".

"¿Podrá la mujer de 50 años salirse de su *ghetto*?", se pregunta Anne Jean Blanc, responsable del reportaje. Y se contesta: "No es seguro, pues existe un enorme obstáculo: la menopausia. No hay duda de que existe una imagen horrible de la mujer menopáusica: amargada, bigotuda, viejona, siempre con vapores y raros humores: Sexualmente acabada. Para lo único que puede servir es para cuidar a sus nietos y sus animales domésticos".

Es obvio que esta imagen es injusta, pero muchas mujeres cuando empiezan a tener los síntomas de la menopausia se sienten de este modo. Aline reconoce: "Lloro constantemente por nada. No me intereso por nada. Siento que mi edad se refleja en mi rostro y que no le intereso a nadie".

El doctor Tamborini explica: "Muy seguido se sienten mal por su piel. Están muy susceptibles. Requieren mucha atención y tienen tendencia a justificar todos sus problemas en la menopausia".

A mi manera de ver, la naturaleza es muy injusta con las mujeres. Mientras la mujer envejece, el hombre se siente a esa edad más atractivo e interesante que nunca. Con sus canitas de hombre maduro no teme echarse una canita al aire. Así lo prueba un exhaustivo sondeo hecho en Francia: 8 por ciento de mujeres contra 34 por ciento de hombres de 50 años tienen relaciones extramaritales. La Dra. Elia, nos tranquiliza y dice: "Las mujeres son mucho más frescas que estos señores. Están más aptas para la sexualidad que el hombre que quiere absolutamente probarse que es muy hombre y que tiene necesidad de amantes jovencitas".

Espero que mañana no me vayan a hablar furiosas mis amigas "cincuentonas", porque abordé sus verdaderos problemas con objetividad.

La Jornada, 30/julio/86

UNA HUESPED INDESEABLE

Hace unas semanas tocó a la puerta. Abrí y me preguntó si era yo; le dije: "Si, ¿qué desea?" "Entrar", me contestó viéndome fijamente a los ojos. De inmediato entendí y de un golpe cerré la puerta. Volvió a tocar. Inclinándome hacia la cerradura, le susurré: "Aquí no es. Se habrá equivocado de dirección". De pronto vi aparecer un papelito por debajo de la puerta, lo levanté y leí mi nombre y mi nueva dirección (me acabo de cambiar de casa). Me quedé helada. No sabía si abrirle o dejarla afuera para que terminara por irse. "Tendrá que abrirme —me dijo—, no hay otra solución". En el fondo sabía que tenía razón y que lo mejor era dejarla entrar. "Pero, no se va a quedar mucho tiempo, ¿verdad?", le pregunté mientras le tomaba su abrigo de pelo de camello y su pequeño maletín. "Lo necesario", me respondió fríamente. Su aspecto no era tan desagradable a pesar de las profundas ojeras que ensombrecían sus ojos. Aparte de la negrura de su cabello, su peinado me llamó la atención. Llevaba un chongo de los años cuarenta sostenido por unas peinetas muy antiguas. "¿Cual es mi recámara?", me preguntó mientras subíamos las escaleras. "No tengo cuarto de huéspedes, tendremos que compartir el mío", le dije de muy mal modo. "Procuraré entonces ser sumamente discreta", anotó, a la vez que revisaba cada detalle de la recámara. Después de enseñarle el lugar donde podía guardar sus cosas y el baño, bajé al estudio para seguir escribiendo un texto que debí de haber entregado muchos días atrás. Esta noche no me sentía muy inspirada, entonces decidí irme a acostar. Al llegar a mi habitación, naturalmente lo primero que vi fue a la huésped. Me metí al bañc y mientras me desmaquillaba me puse a pensar: Bueno, pero ¿quién diablos la invitó? ¿Quién le dió mi dirección? Lo que voy a hacer es que la voy a ignorar como si no existiera. Seguro que se cansa y se va. Así de igualito como vino, me decía a mí misma con mucha determinación. Sin hacer el menor ruido y en completa oscuridad, me metí a la cama. Le di la espalda a la huésped y me dormí. Al otro día al despertarme, lo primero que vi sentada en la silla de bejuco fue a la señora. Estaba ya vestida con un traje sastre y peinada con su chongo. "Mire, hoy tengo muchas cosas que hacer. Así es que yo le suplico que no me quite el tiempo", le dije comenzando a sentir en mí, un vacío horrible. Me miró sin decir nada. Me bañé y me vestí rapidísimamente. Tomé el coche y cuando di vuelta en la esquina me di cuenta de que la huésped estaba en la parte de atrás. Le pregunté dónde quería que la llevara y me dijo que a donde yo iba. Como llevaba prisa, ya no quise discutir y fuimos juntas a la oficina. Sentada frente a mí, me observaba mientras dictaba, llamaba por teléfono o revisaba los télex que habían llegado. Hasta a la sala de juntas se metió sin el menor escrúpulo. Poco a poco y sin darme cuenta, me fui acostumbrado a su presencia, porque de alguna manera sentía que me acompañaba. Sin embargo, el otro día no la soporté más y entonces le dije enfurecida: "Ya váyase, por favor. ¿No cree que ya ha estado demasiado tiempo en mi casa? Yo no le pedí que viniera. No me deja trabajar, ni escribir, ni ocuparme de mis hijos. ¿Qué se está usted creyendo que puede abusar así de mí? Me hace favor de tomar su maletín y su abrigo de pelo de camello y se me va inmediatamente". No decía nada, se limitaba a verme con sus ojos ojerosos. "Esta bien —le dije—, voy a tratar de nuevo de ignorarla, como si no existiera. Además, con el tiempo se va a aburrir y va a ver que su presencia no me afecta de ningún modo. Vamos a ver quien gana".

De esto ya ha pasado cerca de un mes y la huésped indeseable sigue en mi casa. Cuando llegan mis hijos del colegio la escondo, aunque no quiera, debajo de la cama. Mis compañeros en la oficina ya se acostumbraron a verme con ella. Antes me decían que la mandara a volar, pero ahora ya no dicen nada. Mis amigos se rehusan a verme con ella. "Si quieres ven, pero no la traigas", me dicen. Creo que la que está ganando es ella, porque el otro día vi que había traído tres petacas. Con razón dicen los poetas que la tristeza tiene sus mañas.

La Jornada 28/mayo/87

CRONICA DE UNA VEJEZ ANUNCIADA

Ayer por la mañana la vi por primera vez. Me quede helada. No lo podía creer. Para tranquilizarme, supuse que se debía al efecto de la luz indirecta que entraba por la ventana. Me seguí preparando, para salir corriendo a la oficina, cuando de repente la volví a ver. Allí estaba, blanquísima. Su brillo insolente contrastaba con la oscuridad de la raíz, que se había formado por falta de tinte. " ¡No puede ser!", me dije. Lentamente, fui acercándome hacia el espejo, y con mano temblorosa, la tomé entre el dedo pulgar y el índice. La observé con atención. Y sin poderlo evitar, exclamé desde el fondo de mi alma: " ¡ ¡es una cana!!". En esos momentos, voltee a mi derredor, pero gracias a Dios no había nadie. Estaba sola, la sirvienta había salido al mercado. Rápidamente, cerré la puerta de mi recámara, corrí las cortinas, busqué la lupa, prendí la luz y me volví a ver frente al espejo. La vi grandota, gruesa y rígida, como el pelo de un elote. No había duda, se trataba de una cana.

Miles de preguntas comenzaron a atormentarme: ¿Cuándo me salió? ¿A qué horas creció tanto? Ayer no la tenía. ¿Qué fue lo que hizo que surgiera de pronto? ¿Será el principio de la menopausia? ¿Habré sufrido intensamente durante la noche, sin darme cuenta? ¿Tendré todavía muchísimas más escondidas y regadas en alguna parte de esta vieja cabellera? ¿Seré entonces más vieja de lo que realmente soy? Entonces ¿soy la mayor de mis hermanas? ¿Qué hay detrás de la aparición de una cana?, ¿qué significado tendrá?, ¿cuál es el verdadero lenguaje de las canas? Todo esto me preguntaba, mientras me cepillaba el pelo con rabia e indignación. A cepillazos, trataba de ocultarla, de hacerla desaparecer. Sentía ganas de raparme, de convertirme en una señora calva. Y las preguntas seguían martirizándome: ¿Estará mi organismo en pleno deterioro? ¿Será a causa de las inversiones térmicas, del esfuerzo obsesivo por entender claramente lo que pasa en la Universidad Autónoma de México? ¡Ah, cómo extrañé el Libro de los *Porqués*, del *Tesoro de la Juventud*! Allí venían todas las respuestas de todos los porqués que desde niños nos inquietan. Todavía las recuerdo: "¿por qué lloramos lágrimas? ¿Por qué tenemos uñas? ¿Por qué cuando estamos alegres, sonreímos?, etcétera, etcétera". Estoy segura que allí también está el porqué de las canas.

Pero no, a mí ya no me corresponde consultar el *Tesoro de la Juventud*. A partir de ahora, me esperan otras lecturas: *La Tercera Edad*, y *La vejez*, de Simone de Beauvoir. Nunca me imaginé que tan joven, me iba a sentir vieja.

Sentada a los pies de mi cama y entre tinieblas, me puse a reflexionar que el tiempo vuela y uno no se percata, hasta que un buen día, aparece un signo, una mirada, un rictus, una expresión como: "cuando era joven. . .", o el descubrimiento de la primera cana. Pensé, que la vida se me esfumaba entre sexenios fracasados, tapones provocados por la circulación, alzas de precios, fraudes electorales, destapes decepcionantes, pérdidas de la melanina, etcétera. No había nada qué hacer, más que seguir esperando que aparecieran millones y millones de canas, hasta volverme una anciana que ya no se entristecerá al verse la cabeza totalmente blanca.

Estaba yo en estas cavilaciones, cuando de pronto, la sirvienta tocó a la puerta: " ¡Señora, señora, un muchacho rompió su aleta del coche. Yo creo que se lo quería robar!". En esos momentos, se me olvidó mi cana, la vejez, el pasar del tiempo y todo lo demás. Corriendo, como de rayo bajé las escaleras de dos en dos y en un segundo me encontré frente a mi coche, con la aleta completamente estrellada. Todavía tuve tiempo de ver al muchacho doblar la esquina. " ¡Oiga, oiga!", le grité mientras corría velocísimamente detrás de él. En un instante, vi cómo se subió de "angelito" en un camión de la Ruta 100 y desapareció. Furiosa, y con la cara roja de coraje regresé a mi coche, metí la mano por la aleta, lo abrí y me puse a recoger los vidrios. Inmediatamente fui a buscar mi bolsa, las llaves y me fui a la primera agencia de la Volkswagen.

La cana sigue allí. A ratos me la cambio de lado, dependiendo dónde me haga la raya. Ahora ya no me asusta envejecer, lo que me aterra es que me roben el coche y que me convierta en una anciana sin medio de transporte.

La Jornada, 31/enero/87

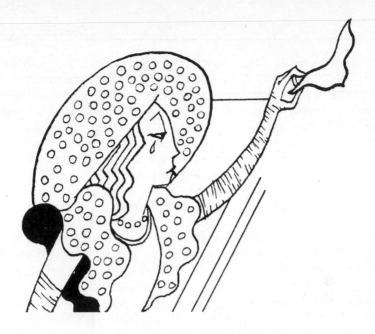

PELEAMOS PORQUE NOS AMAMOS

"Pareja: Sistema de dos fuerzas iguales, paralelas y dirigidas en sentido contrario una de la otra. . .". Qué curioso que al señor Larousse se le haya ocurrido esta bella definición, hablando de la pareja, la cual aparece en el diccionario que lleva su nombre. De esto me enteré, en el número del mes de abril de *Nouvel Observateur*, donde se publica un extenso e interesantísimo reportaje acerca de los pleitos entre matrimonios. ¿Cómo son últimamente estas adorables querellas entre marido y mujer? ¿Son violentas, verbales, deprimentes o estimulantes? ¿Cuáles son realmente los motivos de estos agarrones? ¿Los niños, la suegra, el adulterio, las vacaciones, el dinero, la falta de comunicación, el tedio?

A lo largo de esta encuesta hay opiniones muy diversas al respecto. Por ejemplo, Jean Claude Chesnais, especialista en el tema, nos dice que después de haber realizado una exhaustiva investigación en las estadísticas criminalistas del Reino Unido, éstas nos muestran, que a partir de los años 60: "Se está objetivamente más seguro en la calle, que en su propia casa, ya que el 55 por ciento de los crímenes británicos suceden ¡ ¡en familia!!".

El doctor Gilbert Tordjman, otro especialista reconocido, sostiene que por lo general después de estas batallas campales, "es el estómago, el que registra y memoriza lo que el cerebro prefiere ignorar". Para el señor Tordjman el pleito es *necesario*, ya que forma parte de la vida conyugal". Para él: "La relación de una pareja debe moverse, debe vivir. Es como un organismo que ingiere y rechaza cosas. Es normal que la digestión se haga con ruido...".

Sin embargo, desgraciadamente a veces estos "ruidos" resultan demasiado ensordecedores y desagradables para la familia e incluso para los amigos. No hay nada más patético e incómodo que el asistir involuntariamente a un pleito entre un matrimonio. Nunca se me olvidará aquella sobremesa en casa de unos amigos que duraba horas y horas muy a mi pesar, sin saber qué hacer. La situación se desarrollaba de la siguiente forma: mientras la esposa se levantaba a contestar el teléfono, el marido, me hablaba pestes de ella: "Ya no la aguanto, cada vez está más amargada. De todo se queja. Todo el día peleamos, pero yo la tiro a locas"; me decía mientras saboreaba su *Chichón*. Cuando la señora de la casa aparecía, se abordaba otro tema de conversación de lo más trivial. De pronto se ausentaba el marido, bajo cualquier pretexto y entonces su mujer muy quedito me decía: "Ya lo alucino. ¿Sabes hace cuánto que no hacemos el amor? Una eternidad. Lo que pasa es que está envejeciendo y cree que no se le nota, además de que ya no me quiere". Por más que les aclaraba a cada uno que yo era amiga de los dos y que seguramente era una mala racha, no pude reconciliarlos. El marido acabó borracho. Su mujer, llorando en su cuarto. Y yo, deprimidísima regresando a mi casa bajo una lluvia torrencial.

Francois Falhaut, terapeuta de parejas en Francia, propone una escala de Richter en relación a estos sobresaltos conyugales: primer grado: palabras agresivas; 2: injurias y lágrimas; 3: gritos; 4: cachetadas; 5: objetos rotos; 6: objetos o muebles echados por la ventana; 7: trompadas y heridas graves; 8: homicidio...

Para evitar lo más que se pueda estos dramas, el doctor Tordjman nos habla de 10 mandamientos: 1. Recordar que de una escena conyugal, no se sale ni vencido, ni vencedor. Tomando en cuenta que este pleito es un medio vigoroso de comunicación con el otro. 2. Controlarse al máximo. Decidir cuidadosamente en qué momento hay que limar estas asperezas. 3. Evitar las discusiones repetitivas sobre el mismo tema. 4. Concentrarse en un solo tema del conflicto, pero sin desahogarse completamente. 5. Evitar hablar del pasado. 6. No atacar la personalidad del otro, tipo: eres un avaro, un egoísta, etcétera. 7. Sopese, lo más que pueda, sus palabras. 8. Sepa terminar un pleito, a partir del momento que sienta que es destructivo. 9. No utilice agresiones alrededor de síntomas sexuales, como frigidez y abstinencia. 10. Procure no guardar rencor.

El periodista Pierre Desproges sugiere otros método para evitar los pleitos matrimoniales. Dice: "He llegado a la conclusión de que la mejor manera de que una escena matrimonial resulte exitosa, consiste en tenerla con su amante, en lugar de pelear con su esposa. Esta será siempre más insólita y apasionada". ¿Qué opinarán de esto las amantes? Ahora, ¿habría que desconfiar de los maridos que no pelean con las esposas? Francois Caviglioli, responsable de este reportaje, sostiene que los pleitos entre matrimonios, son por lo general regresiones a la etapa infantil. Como un niño, se teme ser regañado. Por esta razón se llegan a utilizar las armas infantiles: escaparse, encerrarse en los baños, esconderse en los closets, contar mentiras, etcétera.

Y usted querida lectora y lector, ¿cómo se enoja cuando se pelea con su cónyuge? ¿Quién es el primero de los dos que da el paso para la reconciliación? ¿Quién, el que empieza con el pleito?

Sugiero que este fin de semana trate de contestarse a solas, para evitar todo tipo de discusiones entre los dos.

La Jornada, 23/mayo/87

UNA MISA ¡MUY CHIC!

Estamos en el año de 1936. Es tal vez noviembre. Es domingo y faltan 15 minutos para que empiece la misa de 12 en la Iglesia de La Votiva en Paseo de la Reforma, esquina con Génova.

A las puertas del templo y sobre Reforma, vemos varios grupos de personas conversando. El cielo está pintado de un azul brillante, a pesar del ligero frío que se siente. Un sol perezoso insiste en esconderse entre las copas de los árboles. Sobre Reforma; las palmeras parecen de buen humor porque de todos los días de la semana, prefieren los domingos. A lo lejos se escuchan las campanas anunciando la misa de 12.

Frente a la iglesia, se estacionan algunos automóviles último modelo de marca *Lincoln, Ford* y *Packard*. Muchos de los dueños mientras esperan que empiece la misa hojean un diario recién nacido, *Novedades.* Como encabezado principal se lee: "Decretará Cárdenas la ley de Expropiación".

La gente sigue llegando, ya sea en parejas o en grupos con niños de la mano. Lo que llama más nuestra atención es sin duda, la *toillete* como se llamaba entonces el atuendo de las señoras.

Todas se ven sumamente *chic*. Un estilo ciertamente heredado de abuelas, madres e hijas. "El *chic* es un sexto sentido", dicen ellas mismas, convencidas de que esta virtud es como un pasaporte internacional, como un privilegio con el que no todo el mundo nace. Se es *chic*, sin necesidad de dinero. Se es *chic*, con la misma naturalidad, que se es cursi. Y en la misa de 12 en la Votiva, la regla de oro es lucir muy, pero muy ¡*chic*! Aquí, en esta casa de Dios, a esta hora, no tienen nada qué hacer, ni los cursis, ni mucho menos la gente de medio pelo. Para ellos están las otras iglesias, en las otras colonias y a otras horas. . .

Al momento de salir el padre, estas damas tan bellas y tan elegantes, se persignan parpadeando ligeramente los ojos. Todas se ven enguantadas, casi, casi, hasta los codos, con guantes mosqueteros de piel que hacen juego con sus bolsas tipo cartera de cocodrilo y con sus zapatos de tacón ancho y muchas trabitas atravesadas, comprados en la zapatería *Cotarelo*, (16.00 pesos). Además de que muchas fueron a peinarse con "Esperanza", (las más pobres con las "Rebecas"), llevan sobre sus cabecitas, naturalmente blondas, un sombrero que podría participar en cualquier concurso de moda en Nueva York o en París. La prueba de fuego para saber si es uno realmente ¡*chic*!, depende de la forma de portar el sombrero. Así como a muchas las embellece aún más, a otras, las ridiculiza y las vuelve una caricatura. Por eso saben muy bien que si su nariz no es pequeña, deben evitar los sombreros sin ala, ya que éstos con el ala levantada al frente y los adornos en la parte de atrás acentúan el perfil. Las que son muy muy narigoncitas deben preferir las grandes capelinas, a los de ala, y prolongada al frente, porque la sombra suaviza las líneas agudas y las embellece. Pero lo fundamental, es que nadie debe prescindir del sombero en misa de 12 de la Votiva. Tan es así, que muchas de ellas corren a la sombrería *"Jenny"* en la calle de Juárez, aunque tengan que pagar hasta 70 pesos, por un sombero importado de París, con tal de lucir *chic* el domingo en misa. Hay que evitar a toda costa repetir el tocado. Las más pobretonas, pero también muy *chic*, recurren a los someros que fabrican las hermanas Martel, que son señoritas decentes con muy buen gusto. Los venden en su espléndida residencia del Paseo de la Reforma.

Algunas feligreses, esconden su blanquísimo rostro cubierto atrás de velitos negros o color humo. Sus tupidas pestañas, rozan coquetamente el túl que hace parecer sus ojos más grandes. Estas no se concentran y miran sorprendidas entre la multitud de gente bien, a algunas indias cubiertas con su rebozo. "Pobre gente", piensan, mientras juegan con las cuentas de su rosario de plata.

"Introibo ad altare Dei. . .", dice el padre y todas como si estuvieran aún en el colegio de monjas, abren al mismo tiempo, su libro de misa empastado en marfil, carey o con incrustaciones de concha nácar. A las más distraídas, se le caen algunas estampitas de la primera comunión de sobrinos y ahijados. Muchas hacen como que rezan cuando en realidad están al pendiente de las *toilettes* de las demás. Así saben si tal vestido en lanilla gris topo, con cinturón de la misma tela y una bolsa sobre puesta, fue comprado en la tienda de *Vogue*, o si un *ensamble* formado por una falda lisa y recta de gruesa lana café y un amplio saco con chaleco ajustado a cuadros café y beige es de importación, de marca *Chanel, Patout o Worth.* Las observadoras más expertas, pueden distinguir perfectamente los vestidos hechos por las famosas cuatas Hernández del edificio Vizcaya en Bucareli, confeccionados con telas de la *Casa Armand*, o si fueron comprados con la *madame* que atiende dentro de *El Palacio de Hierro.* "Mmmm ésta si parece de figurín francés", piensan de una que otra, mientras se la comen con los ojos. Todas llevan el largo del vestigo hasta el tobillo. "Las rabonas, son las peladas", afirman cuando discuten entre ellas de moda.

Más que el altar, los nichos, los candelabros y el cáliz de La Votiva, en la misa de 12 los domingos, brillan las joyas de familia que llevan estas devotísimas fieles. De sus santas orejitas penden los aretes largos que están tan en boga. Al final de unos como gusanitos cubiertos de brillantes, cuelgan unas preciosas perlas en calabacilla. O bien, pegadita, pegaditas al lóbulo llevan perlas más blancas que las mismas lágrimas de la Dolorosa. Alrededor del cuello lucen, largas hileras de perlas. Algunas, llevan gruesos vejucos de oro de la tradicional joyería *La Esmeralda* o *La Princesa* que se confunden con la cadena de la insustituible medalla en oro de la Vírgen de Guadalupe. Los prendedores de estilo original, son un accesorio muy recurrido por estas señoras tan *chic*. En las muñecas lucen muchas pulseras de eslabones ya sea de plata o de oro, compradas en las platerías *Ortega* o *Masiel.*

Con sus bocas perfectamente bien delineadas en rojo *red jungle*, sus cejas finas como las de la Sra. Andrea Palma y maquilladas en tonos sumamente pálidos, no se inmutan durante la consagración. Muchas de ellas comulgan, porque están muy bien confesadas y desayunaron a las 8.00 am. Con la cabeza inclinada y las manos entrelasadas, caminan muy despacito por el pasillo central, conscientes de que todo México, las ve de la cabeza a los pies. A pesar de las miradas, varias logran elevar su espíritu al Señor. Cuando regresan a sus asientos, reconocen a las amigas y no pueden dejar de hacer un gesto amable con la cabeza. Entre las comulgantas, van dos o tres, con traje sastre y martas alrededor del cuello. También estos animalitos parecen llevar una mirada santa.

"Ite, misa est. . ." dice finalmente el padre, quien conoce perfectamente a todo el mundo. Todas se persignan y poco a poco salen de la Votiva. Afuera esperan algunos solteros, magníficos partidos, vestidos con traje de montar, o de golf o de tenis.

Vienen desde el club a ver la salida de la misa de 12, porque saben que se trata de un espectáculo muy _chic_. Comienzan los saludos: " ¡Hola! ¿Cómo están? ¿Van a ir a comer a casa de los Luján?". "¿Nos acompañan a comprar unos pastelitos _eclaires_ al _Globo?_". " ¡Me encanta tu sombrero! "¿Te lo trajeron de París?". "Oye, qué bueno que te veo. Necesito una cocinera que sea una _cordon blue_. Allí te la encargo". "No sabes qué estupendo resultado me ha dado la crema de Madame Simonne". Ay oye, qué grande y bonita está tu chica!". "¿Van a ir al _Country_ al baile del Blanco y Negro?". ¿Por qué no fueron a la boda de Magdalena Brockman y Carlitos Robles Gil?". "No dejen de venir al té de los Borbolla". "Finalmente, me instalaron el teléfono. Mi número es Ericsson 4-43-43". "Aún no sé qué comprarles a los Pérez Verdía como regalo de boda". "¿Cuándo regresan a París?". "Acabamos de estar en el rancho de los Sánchez Navarro. ¿A ustedes nunca los han invitado". "Tu _ensemble_ está muy _chic_. ¿Lo copiasta de algún figurín francés?".

Al cabo de veinte minutos, empiezan a despedirse. Unos se alejan hacía la colonia Juárez. Otros, atraviesan el Paseo de la Reforma para dirigirse a la colonia Cuauhtémoc. Y los propietarios de los automóviles, arrancan sus espléndidos motores de 12 cilindros.

No muy lejos, se ven brillar las alas del Angel de la Independencia. Que parece estar a punto de echarse a volar.

Vogue, septiembre/88

INDICE

Las reinas de polanco

se terminó de imprimir en
abril de 1991 en los talleres de
Offset Universal,
la encuadernación estuvo a cargo de
Multidiseño Gráfico, S. A.
La edición consta de 2,000 ejemplares
más sobrantes para reposición.